KB104461

행성 지구와 이렇게 어울려 살아요

행성 지구와 이렇게 어울려 살아요

펴 낸 날/ 초판1쇄 2024년 3월 20일
지 은 이/ 박은영 장희엽 염경미 정성욱 이종훈
　　　　신동준 채민수 이중철 정수희 변희영

펴 낸 곳/ 도서출판 기역
편　　집/ 책마을해리
출판등록/ 2010년 8월 2일(제313-2010-236)
주　　소/ 경기도 파주시 회동길 363-8 출판도시
　　　　　전북 고창군 해리면 월봉성산길 88 책마을해리
문　　의/ (대표전화)070-4175-0914, (전송)070-4209-1709

ⓒ 박은영 외, 2024

ISBN 979-11-91199-83-3 03370

우리 학교, 우리 교실의 SDGs

행성 지구와 이렇게 어울려 살아요

박은영 장희엽 염경미 정성욱 이종훈
신동준 채민수 이중철 정수희 변희영
함께지음

ㄱ

작은 마음들이 쏘아올린 SDGs 작은 별

'단 한 명의 아이도 포기하지 않는 교육'과 '단 한 사람도 소외되지 않는 세상'은 다른 말일까, 같은 말일까? 전자는 우리나라 교육계에서, 후자는 세계 SDGs에서 내건 슬로건이다. 둘은 다른 듯하지만 결국 같은 말이다. 인간이라면 마땅히 가져야 할 고유하고 존엄한 인권과 그를 통해 누려야 할 인간다운 삶을 전제로 하기 때문이다. 교육을 통해 모든 아이는 인간다운 삶을 살 수 있는 평등한 배움의 기회를 제공받고, 사회·정치·경제적 제도를 통해 모든 인간은 존엄성을 지키며 인간답게 살 수 있는 권리를 충족할 수 있어야 한다. 이 모두는 최종적으로 '모두가 잘 사는 세상'을 지향하고 있으니 둘은 결국 바라보는 도달점 역시 같다.

우리는 이 당연한 슬로건의 내용보다 왜 당연한 내용이 슬로건이 되었는가에 집중할 필요가 있다. 꼭 지켜야 할 본질적인 것이 흔들리고 있다는 반증이기 때문이다. 교사로서 나는 모두가 잘 살기 위한 교육은 무엇일까를 고민했다. 여기 모인 선생님들 역시 평소 아이들의 배움이 곧 삶을 이롭게 할 수 있도록 노력하는 분들이셨다. 열심히 앎과 삶이 일치하는 교육을 시도하던 선생님들과 안산시지속가능발전협의회의 움직임을 계기로 우연을 가장한 필연처럼 만나게 되었다. 지속가능한 발전이 우리 삶 전반을 아우르며 모두가 잘 사는 세상을 꿈꾼다는 것은 참으로 아름다운 일이었다. 그런데 그보다 놀라운 것은, 그런 세상을 꿈꾸는 전 세계적인 움직임이, 여기 모인 선생님들이 그동안 해온 교육의 모습과 참으로 닮아 있다는 사실이었다. 삶을 이롭게 하는 교육이 곧 SDGs였다. SDGs 교사 연구 모임을 조직해 서로의 수업 사례를 나누어보니 각기 다른 교과, 다른 학교, 다른 아이들과 함께한 다양한 수업 활동이 하나의 흐름으로 연결되는 모습을 보게 되었다.

OECD 학습나침반 2030에서도 교육이 도달해야 할 최종 도착점을 '웰빙'이라고 제시했다. 그런데 조건이 있다. '잘 산다는 것'은 동료, 교사, 지역사회 사람들과 협력적인 주도성을 바탕으로만 가능하다고 한다. 즉 한 개인의 탁월한 역량만으로는 잘 살기 어렵고, 연결된 모두가 각자 역할에 충실한 가운데 함께 어울려 도와야 잘 살 수 있다는 것이다.

미래 사회를 주도하는 세계적인 기구에서 연구한 프로젝트의 결과가 '한 아이를 키우려면 온 마을이 필요하다'는 오래된 아프리카 속담과 오버랩되는 것은 우연이 아니다. 단 한 사람도 소외되지 않는 것을 위해 단 한 명의 아이도 포기하지 않는 교육이 필수이다. 이는 미래를 살기 위한 새로운 슬로건이 아니라 그 옛날부터 이어온 인류 생존의 본질, 인류 역사 속에 새겨진 오래된 미래이기 때문이다.

지역사회(마을)와 학교 교육의 연계는 한때 지나가고 마는 정책의 치맛바람으로 치부할 일이 아니다. 아이들이 살아갈 시대에 당면한 문제를 해결해

나가며 자신에게 맞는 삶을 잘 살 수 있는 역량이 세계적인 핵심역량이요, 국가수준 2022개정교육과정이 역시 추구하는 바이기도 하다. 아이들의 삶의 터전을 이해하고, 이용하고, 발딛고 있는 그곳에 기여할 수 있는 것. 바로 그 지점에 교육의 본질이 있을 뿐이다.

이 책의 표지를 여는 다양한 독자들도 삶의 본질, 교육의 본질을 한번쯤은 고민해보셨으리라 생각한다. 이 책을 함께 쓴 선생님들은 그 본질을 찾아 묵묵히 학교 현장에서 가르치고 배운 것을 삶으로 연결시키고자 노력한, 작지만 큰 교사들이다. 희망은 앞으로 다 잘 될 거라는 막연한 가능성이 아니라 지금까지 해온 일이 헛되지 않았다는 믿음이라는 말을 들은 적이 있다. 이 책을 함께 쓴 선생님들이 아이들과 함께한 다양한 형태의 수업 속에 '이미 실현되고 있는 지속가능한 삶을 위한 교육'을 통해 우리 교육에 대한 희망을 함께 찾아갈 수 있기를 바란다.

2024년 2월
저자를 대표하여 박은영

학교 교육과 지속가능발전교육

_오수길(고려사이버대학교 교수)

2015년 9월 유엔 193개 회원국 만장일치로 지속가능발전목표(SDGs: Sustainable Development Goals)가 수립된 것은 인류 역사상 여러모로 의의가 크다 할 수 있다. 유엔 회원국 모두가 합의하여 2030년까지 함께 달성하기로 한 의사결정이라는 점, 전 세계 16개 이해당사자 그룹이 2012년 유엔 지속가능발전회의 이후 3년간의 논의 과정, 즉 MGoS(Major Groups and other Stakeholders)를 거쳐 아래로부터 형성된 의제를 합의한 점, 그리고 17개 목표 간의 연계와 통합이 중요하다는 연계접근 방법(nexus approach)을 강조했다는 점 등이 그것이다.

지속가능발전교육을 지속가능발전의 개념과 의의에 대한 이해를 높이는 '지속가능발전에 대한 교육'과 지속가능발전을 실천하고 목표를 달성하기 위한 '지속가능발전을 위한 교육'으로 나눈다면, SDGs의 수립은 이 두 가지 교육을 모든 현장에서 수행해야 하고 또한 그럴 수 있다는 것을 확신하는 계기가 되었다. 경제발전, 사회통합, 환경보전에 대한 통합적인 접근과 실천을 지속가능발전이라고 정의할 수 있기에, 그 지향점과 목표의 수준을 합의한

SDGs는 지속가능발전교육의 의의를 한층 더 높인 것이라 할 것이다.

이전의 경제교육, (민주)시민교육, 환경교육이 가치 있게 수행되어 왔음에도 우리 사회의 제반 문제는 갈수록 난제(wicked problems)가 되고 있어 통합적인 접근과 실천을 위한 교육의 역할은 더욱 중요해지고 있다. 일찍이 유엔 차원에서는 1992년 유엔환경개발회의 당시 합의된 '의제21(Agenda 21)' 제36장에서 교육, 대중의 인식, 훈련을 강조하며, '정규교육을 포함한 교육, 대중의 인식 및 훈련'을 '인간과 사회가 잠재력을 완전히 발휘할 수 있게 하는 과정'으로 규정한 바 있다. 그리고 "환경과 개발의 문제와 이 문제의 해결을 위한 관여에 대한 대중의 인식을 높이고, 개인의 환경책임과 지속가능발전을 위한 더 많은 동기부여와 의무 사항을 증대"할 것을 강조했다. 그리고 "더욱 지속가능한 세계를 위한 움직임을 용이하게 하고, 인적 자원을 개발하는 데 가장 중요한 수단으로서 명백한 직업 중심의 개념을 가지고 이론과 기술 간의 격차를 해소하는 데 목표"를 둔 훈련을 촉진해야 한다고 했다.

SDGs 체계에서는 4번 목표로 '모두를 위한 포용적이고 공평한 양질의 교육 보장 및 평생학습 기회를 증진한다'라는 목표를 설정하였다. 이러한 목표는 양질의 초등 및 중등교육을 무료로 동등하게 이수(4.1), 양질의 영유아 발달과 보호, 취학 전 교육에 대한 접근 보장(4.2), 양질의 지불 가능한 기술훈련, 직업훈련, 대학 등 3차 교육에 대한 접근(4.3), 취업, 양질의 일자리, 기업 활동에 필요한 관련 기술 보유자 수의 증가(4.4), 교육에 대한 성별 격차 해소, 취약층의 교육 및 직업훈련(4.5), 모든 청소년과 상당한 비율의 성인에 대한 문해 및 산술능력 증진(4.6), 지속가능발전, 지속가능한 생활양식, 인권, 성평등, 평화와 비폭력 문화 확산, 세계시민의식, 문화다양성 존중, 지속가능발전을 위한 문화의 기여 등 교육을 통해 모든 학습자의 지속가능발전 증진을 위한 지식과 기술 보급(4.7) 등의 세부목표를 통해 달성될 수 있을 것으로 보았다.

그런데 4번 교육 목표는 17개 모든 목표를 관통하는 전 범위 목표(cross-cutting issue)이기도 하다. 다른 모든 목표가 교육을 근간으로 하기도 하고, 세부목표 4.7에서 강조하고 있는 것이 바로 모든 목표를 달성할 수 있는 지속가능발전 지식과 기술을 배양할 것을 촉구하고 있기 때문이다.

2023년 7월 5일 시행된 우리나라의 지속가능발전기본법에서도 교육의 역할을 특히 강조하고 있다. 즉 지속가능발전기본법 제6장 보칙 제28조는 지속가능발전에 관한 교육·홍보를 명시하고 있다. 제1항에서는 "국가와 지방자치단체는 지속가능발전에 관한 교육·홍보를 확대함으로써 사업자, 국민 및 민간단체 등이 지속가능발전 정책과 활동에 적극적으로 참여하고, 일상생활에서도 지속가능발전을 실천할 수 있도록 하여야 한다"고 규정한다. 제2항에서는 "국가와 지방자치단체는 지속가능발전에 관하여 학교 교육을 강화하고, 평생교육과 통합·연계한 지속가능발전 교육을 확대하여야 한다"고 규정한다. 안드레스 에드워즈가 『지속가능성 혁명』에서 강조한 바와 같이 생태/환경(Ecology/Environment), 경제/고용(Economy/Employment), 형평성/평등(Equity/Equality) 등 환경적 지속가능성, 경제적 지속가능성, 사회적 지속가능성이라는 지속가능발전의 세 가지 E(3E)에 또 하나의 E인 교육(Education)이 필수적으로 포함되어야 지속가능발전을 이룰 수 있는 것이다.

유엔총회 결의안에 따라 지속가능발전을 위한 교육 10년(Decade of Education for Sustainable Development, DESD)(2005-2014) 작업을 수행했던 유네

스코는 '모두에게 지속가능발전에 기여할 지식, 기술, 가치, 태도를 습득하게 하는 것'과 '지속가능발전을 촉진하는 의제, 프로그램, 활동에서 교육 및 훈련을 강화하는 것'을 목적으로 하는 글로벌 행동 프로그램(Global Action Programme, GAP)으로 지속가능발전교육 이니셔티브를 이어가기도 했다. 이를 통해 지속가능성의 다양한 측면을 통합하는 총체적인 관점(통합적 렌즈), 지속 불가능한 기존의 지배적 양식 및 당연시되는 일상에 대한 질문(비판적 렌즈), 지속가능한 생활방식과 가치, 공동체 및 사업을 이끌어갈 역량을 강화(변혁적 렌즈), 지속가능한 삶, 가치, 사업 운영에는 시간, 장소, 사람에 따라 다양한 형태가 나타날 수 있음을 인식(맥락적 렌즈) 등 네 가지 렌즈를 지속가능발전교육의 렌즈로 제시했다.

이처럼 지속가능발전에서 교육은 가장 중요한 가치이자 수단이라 할 수 있다. SDGs 4번 목표가 학교 교육을 시작으로 지속가능발전교육의 중요성을 강조하기도 했지만, 지속가능발전의 의의를 살리고, SDGs를 달성하고 실현해 나가는 데서도 교육은 필수 불가결한 것이다. 더욱이 지속가능발전교육에서 특히 유념해야 하는 것이 지역적 맥락이라는 점에서 안산지역의 교육자들이 모여 지속가능발전에 대한 교육을 고민하고 지속가능발전을 위한 교육을 학교와 지역사회에서 효과적으로 구현하고자 노력한 것은 지역의 자랑이자 SDGs의 의의에 가장 충실한 모범이라 할 것이다.

차례

SDGs 렌즈로 보니 더 선명해지는 세상

_ 강소영(안산시지속가능발전협의회 사무국장)

요즘은 누구든 만나면 제일 먼저 묻는 게 "너 MBTI가 뭐야?"다. 나는 어떻게 사람을 E 아니면 I, P 아니면 J로 나눌 수 있냐며 부정적이었는데 옆에서 듣던 친구는 "T구나, 너!" 한다. 여러 모임에서 MBTI를 할 기회가 많은 편이다. 요즘은 핸드폰으로 손쉽게 할 수 있는 테스트도 많다. 친구들이 모여 있는 SNS 그룹에서는 서로 테스트를 보내주고, 결과를 공유하면서 각자의 특징들에 대해 맞장구치면서 많이 웃는다. 그렇게 서서히 동화된 나는 자칭 ENTP, 타칭 ENTJ가 되었다. 그 기준으로 보면 나는 사람들과 함께할 때 에너지를 얻고, 미래를 상상하기 좋아하며, 논리를 중요하게 생각하는 사람이다. 문제는 '즉흥적이냐, 계획적이냐'인데 더 깊이 있는 해석이 있겠지만 단순하게 나는 출근하면 계획적, 퇴근하면 즉흥적인 사람이라고 말한다. '이것봐. 이거 아니면 저거로 딱 구분이 안 되잖아.' 옆에서 친구가 "너 T…" 말할 준비를 하고 있다. MBTI에 관심이 많은 후배는 사람을 이해하는 데 도움이 된다고 했다. '저 사람은 도대체 왜 저럴까?' 싶은 사람이 있었는데 그 사람의 MBTI를 듣고 나니 그 행동들이 동의는 안 되지만 그래도 이해는 간다는 거다. MBTI 열풍은 어쩌면 함께 살아가는 이 세상과 그 안에 살고 있는 사람들을 이해하고 싶은 마음에서 오는 것일 수도 있겠다. 그렇게 MBTI는 사람을 읽는 렌즈의 역할을 하고 있다. 뭔가를 보는 데에 있어 기준이 되는 렌즈가 있으면 좋겠구나 싶은 생각이 든다. 나에게는 그 렌즈가 바로 SDGs였다.

안산시지속가능발전협의회 사무국장으로 일한 지 이제 꼭 채워 2년이 되었다. 전 기관명은 '깨끗하고 살기 좋은 안산의제21'이었는데 2015년 UN에서 지속가능발전목표 발표 이후 전국적으로 지속가능발전협의회로 명칭이 변경되는 흐름 안에서 2020년 안산시지속가능발전협의회(이하 지속협)로 기관명이 바뀌었다. 그 직후 코로나 팬데믹이 이어졌고, 내가 지속협에 왔을 즈음부터 서서히 일상이 회복되고 있었다. 다시 말하면 내가 왔던 때가 '지속가능발전'을 본격화해야 하는 시기였다고 할 수 있다.

첫해 나의 과제는 코로나로 침체된 위원회 활동에 다시 생기를 불어넣는 것과 안산시지속가능발전기본조례를 제정하는 것이었다. 일단 알아야 했다. '지속가능발전이란 도대체 무엇인가.' SDGs와 관련된 책을 몇 권 읽고, 선배 활동가와 스터디도 했다. 경제·사회·환경 어느 한 측면에서도 부족함 없이 조화롭게 발전해야 한다는 개념, 그것을 실현하기 위해 만들어진 17개 목표를 보면서 빈틈이 없다는 생각을 했다. 물론 이건 현재의 내 기준에서 그렇다. 더 많은 것을 알게 되고, 더 시야가 넓어진다면 또 보이는 것이 있을 테다. 빈틈이 없다는 의미는 어떤 생각이나 구상을 전개하면서 17개 목표를 기준으로 삼았을 때 가능한 모두를 납득시킬 수 있는 방향을 찾을 수 있겠다는 것이다.

'지속가능발전'이라는 개념을 처음 들었을 때는 좀 낯설었다. 뭔가 새로운 것을 해야 할 것만 같은 압박이 든달까. 지속협의 오래된 위원님들도 어렵다는 말씀을 많이 하셨다. 그런데 17개 목표를 세세히 들여다보니 뭔가 익숙한 느낌이 든다. '이거 우리가 했던 건데? 이건 ○○단체가 하고 있는 건데?' 이렇게 하나하나 연결되었다.

나는 지속협에 오기 전에 A시민단체에서 12년 정도 활동했다. A는 '평화'와 '청년'을 주된 키워드로 가지고 있는 단체였다. 회원들이 퇴근하고 참여하는 동아리들이 있었는데 봉사모임, 청년모임, 노래모임, 풍물모임 등 다양했다. 그중 봉사모임은 매년 크리스마스 즈음에 청년들을 모집해서 복지관에서 추천받은 가정을 방문하여 선물을 주고, 아이들과 함께 노는 시간을 가졌다. 한 달에 한 번 보육원을 방문해 빨래를 하거나 반찬을 만들어 독거어르신 가정을 방문하기도 했다. 청년모임에서는 1년에 한 번씩 '청년아카데미'라는 기획 강좌를 개설했다. 해마다 주제는 좀 달랐는데, 청년과 정치, 청년과 일자리, 청년과 주거, 청년과 금융 등 다양한 주제로 강연을 진행했다. 노래모임, 풍물모임은 회원들이 연습해서 동네 공원에서 콘서트나 풍물한마당 등을 개최해 주민들이 참여해서 즐길 수 있도록 했다. 기획 사업으로 시민들을 모집해 생태평화기행을 가거나 6·15공동선언이 발표된 날을 기념해 시민걷기대회를 진행했다. 또 평화·통일을 참여자들이 쉽게 말할 수 있게 이야기카드를 개발해 참여 워크숍을 진행하기도 했다. 내가 살고 있는 안산은 죽음의 호수라고 불리웠던 시화호를 복원한 경험이 있어 환경단체도 많고, 반월공단이 있어서 노동운동도 활발한 편이다. 노동 문제나 환경 문제가 발생했을 때, 혹은 지역에서 벌어지는 어떤 현안에 대해서 지역의 단체들이 공동으로 대응해야 할 일이 많았다. 세월호 참사가 발생했을 때 많은 단체가 함께 대책위를 꾸리기도 했다. 이러한 상황들이 지역에 생기면 A도 늘함께 참여했다.

A에 있는 동안 진행했던 동아리 활동, 실천사업, 교육사업, 연대사업 등을

펼쳐놓으면 SDGs 17개 목표 어딘가로, 혹은 여러 갈래로 연결할 수 있겠다는 생각이 들었다. '청년들의 평화로운 삶'을 위해서는 경제, 사회, 환경의 문제가 동시에 해결되어야 하고, 그 방식은 평화적·협력적으로 이루어져야 한다. 어라? 이게 바로 지속가능발전목표에서 말하는 5P잖아. 그렇게 생각하니 마음이 좀 편해졌다. 지역의 공익 기관·단체들과 함께할 사업들이 떠오르기 시작했다. 이분들이 하는 활동들이 다 우리 삶의 지속가능성을 위한 활동들이니 나는 이 활동들을 연결해서 SDGs로 잘 정리하고, 안산시의 지속가능성을 위한 인프라를 구축하고, 함께 실천하면서 모니터링도 하고, 다시 계획을 세우는 과정에 함께하면 되겠구나 싶었다.

이렇게 SDGs는 어렵고, 낯선 새로운 개념이 아니라 이미 하고 있는 것들을 가지런히 잘 정리해 놓은 것이라고 할 수 있다. 2012년 리우+20회의에서 '지속가능발전목표'를 만들자고 결정하고, 3년 동안 전 세계 관계자들이 모여 협의하는 과정이 어땠을까를 상상해본다. 가진 것도, 부족한 것도 각기 다른 사정을 가진 190개 나라가 공동의 목표를 만들어내기 위해 합치고, 다듬고, 버리고 하면서 보냈을 숙의의 시간들. 결국 지구라는 공간에서 살아가는 존재로서의 공통점을 중심에 두고 만들어낸 17개 목표와 169개 세부목표는 전 세계 공동의 목표이기도 하면서 각 나라의 사정을 반영해 변형할 수 있는 목표이기도 하다. 그래서 나는 우리가 가야 할 방향의 나침반이자, 세상을 보는 렌즈로 SDGs를 생각한다. SDGs 렌즈로 세상을 보면 질문하게 된다. '놓치고 있는 건 없나? 배제된 사람은 없나?' 이러한 과정들이 SDGs의 슬로건인 'Leave no one behind(단 한 사람도 소외되지 않는다)'를 실현가능하게 할 것이다.

내가 지속협에 왔던 해인 2022년 1월에 지속가능발전기본법이 제정되었고, 7월에 본격 시행되었다. 안산시지속가능발전기본조례도 같은 해 12월에 제정되었다. 우리 삶의 미래와 연결되어 있는 중요한 법이지만, '지속가능발전' 개념이 일상생활에 영향을 미치기엔 갈 길이 멀다. 기본법에서는 지속가능발전의 교육과 홍보를 강조하고 있으며, 특히 그 역할을 지속가능발전협의회 등 민관협력단체와 협력할 수 있다고 명시되어 있다. 일할 때만큼은 목표지향적인 ENTJ로서, 또한 교육의 중요성에 공감하는 사람으로서 지속협의 사업 중 교육 사업의 비중을 늘리기로 했다. 같은 건물 아래층에 있는 미래교육협력지구 담당 장학사를 찾아갔다. 장학사님과의 대화를 통해 학생들에 대한 교육이 물론 중요하지만 그에 앞서 교사들이 지속가능발전 개념을 이해하고, SDGs 감수성을 키우는 것이 우선되면 좋겠다는 말씀에 동의하며 그 방향에서 사업을 구상하기 시작했다.

선생님들과 교사워크숍을 함께 기획하면서 중요하게 생각한 것은 SDGs는 어떤 교과목에서든 발견할 수 있다는 것, 다양한 교과가 만났을 때 더 시너지를 낼 수 있다는 것, 수업 외에도 다양한 활동을 통해 실천해볼 수도 있다는 것 등 경계를 짓지 말고 모든 가능성을 열어두자는 것이었다. 워크숍에 대한 기획을 마치고 교육청의 협조를 받아 각 학교로 모집 공문을 보냈다. 처음 시도해보는 사업이라 설렘과 걱정이 동시에 있었다. 감사하게도 스무 명의 선생님이 신청하셨다. 1박2일 간의 워크숍은 선생님들이 뭔가를 해야만 채워지는 프로그램으로 구성되었다. 여름방학을 앞둔 어느 날 선생님들을 한 호텔 세미나실에서 처음 만났다. 그 짧은 1박2일의 시간은 내내 놀라움의 연속이었다. 준비팀이 던지는 다양한 질문에 막힘없이 흰색 전지를 채워나가는 선생님들로부터 엄청난 에너지를 받았다.

워크숍을 마치고 난 후 교사 연구모임에 참여하겠냐는 물음에 열 명의 선생님들이 응답해주셨다. 그렇게 8월부터 한 달에 한 번씩 네 번을 만났다. 만날 때마다 선생님들은 돌아가면서 각자 학교에서 했던 수업 사례를 공유해주셨다. 처음부터 SDGs가 반영된 수업도 있었고, SDGs로 해석한 수업도 있었다. 너무 신기했던 것은 국어, 역사, 지리, 과학, 상업, 영어, 도덕, 화학, 기술 등 이렇게나 다양한 과목의 선생님들 수업 사례가 SDGs와 다 연결된다는 것이다. 워크숍에서 보여줬던 에너지는 연구모임에도 여전했다. 오히려 시너지가 발생해서 더 강력해진 것 같기도 하다. SDGs를 만나게 된 과정을 에세이로 담게 된 것 또한 참 감개무량하다.

우리는 이제 함께 두 번째 해를 맞는다. 선생님들께서 내어주신 열정에 감사하다는 말씀을 거듭 드린다. 선생님들과 더 재미난 시도를 해보고 싶다. 공부도 많이 하고, 견학도 가고, 뒤풀이도 하면서 함께 고민을 나누고 싶다. 그리고 또 더 많은 선생님을 만나고 싶다. SDGs가 일상에 좀 더 가까이 갈 수 있도록 선생님들과 머리를 맞대고 다양한 구상을 해보고 싶다. 지속가능한 우리의 삶을 위해!

지속가능발전목표 적용 사례

"SDGs, 이렇게 수업해요"

지속가능한, 인간다운 삶을 위한 교육

— 박은영 (반월중학교 교사)

내 교직생활에서 SDGs 찾기

내가 SDGs(지속가능발전목표)를 알게 된 지는 얼마 되지 않았다. SDGs를 연계한 수업 사례를 정리하면서 '지금 내 수업 속에 살아 있던 SDGs의 시작이 어디였던가'를 찾아가다 보니, 지속가능한 삶과 교육에 관심을 갖게 된 것은 내 교직 생애와 밀접하게 관련되어 있었다. 지속가능한 발전이 추구하는 바와 내가 교육을 통해 다가가고자 하는 곳이 같았기 때문이다. SDGs가 모든 인류의 좋은 삶을 지향하고 교육은 그 좋은 삶을 잘 살 수 있도록 돕는 것이니, 나의 SDGs 연계 교육의 처음은 교직생활에 대한 이야기로 시작해보고자 한다.

떠올리는 것만으로도 등에 식은땀이 흐르는 아찔한 신규 교사 시절. 첫 발령지는 고등학교였다. 사범대학을 졸업하고 바로 교단에 서니, 학교에서 배운 것과 실제 학교 현장살이는 엇박자가 따로 없었다. 학교는 학급담임과 수업만 하는 곳이 아니라 문서를 다루고 행정을 하며 국가공무원으로서 준수할 법령과 지침이 수두룩했기 때문이다. 더구나 인문계 고등학교는 단연 대학 입시가 최고의 목표였으므로 교육에 임하는 데 있어 '초짜' 교사는 철학 따위를 할 겨를도 없이 하늘같은 선배 교사들의 뒤꽁무니만 따라다녔다.

입시 국어의 전문가가 되기 위해 만 9년을 할애했다. 발령 첫해를 제외하고는 줄곧 고3을 전담하다 보니 학원강사처럼 '툭' 치면 '척'하고 나오는, 자칭 수능 문제풀이 전문가로, 논술 전문가로 내가 가르치는 아이들에게 도움이 된다는 나름 정체성을 가졌었다.

그러다 개인적인 사정이 생겨 중학교로 이동하였는데, 고등학교에 근무했던 것에 대한 배려로 중3을 맡았는데도 불구하고 고등학생과 중학생의 괴리감은 상상 그 이상이었다. 잘나가던 고등학교 입시형 수업 방식은 중학생에게 '어려움'과 '지루함' 그 자체였다. 중학생에게도 고입이라는 입시 압박으로 학습동기를 부여하고자 했으나 그에 응하는 학생은 소수일 뿐, 평준화 지역 인문계 고등학교로 진학하는 대다수는 강 건너 불구경하듯 했고, 그나마 옆 친구가 수업을 듣도록 놔두기만 해도 다행인 상황이었다. 교과서라는 핵심 텍스트를 꼭꼭 씹어 소화시키겠다는 주입식 수업 기조를 유지한 채 활동지와 ppt, 동영상자료를 활용해 흥미를 끌어 보고자 했으나 뿌리가 깊지 못한 수업 방식은 금방 한계를 드러냈다. 아이들은 어지간히 눈에 띄는 수업자료가 아니면 금세 졸기 시작했다. 입시도, 유머도, 화려한 수업자료도 아닌 학생들의 자발적인 동기를 이끌어낼 무언가가 필요했다.

수업 속 아이들, 학습자의 요구를 가만히 들여다보았다. 학습에 적극적으로 참여하는 아이들은 입시와 관련해 도움을 받고 싶어 했다. 더하여 학교 내신과 별도로 독서, 논술, 토론 사교육을 받으며 긴 안목에서 대입까지 준비하는 아이들도 있었다. 입시에 연연하지 않는 아이들은, 머리보다는 몸으로 익혀 배운 것이 눈앞의 삶에서 도움이 되기를 바랐다. 결국 다른 욕구를 가진 아이들의 공통된 바람은 삶에서 만사형통할 국어 능력, 즉 의사소통능력의 향상이었다. 그렇다면 사교육 부담을 덜며 아이들을 수업의 주체로 끌어들이는 일은 매우 간단했다. 본래 교육과정의 취지를 살려 삶의 역량을 키우는 수업으로 정상화하면 되었다. 하지만 나의 학창시절 역사상 그런 교육은 받아본 기억이 없거니와 실습 위주의 수업이라 생각하니 내신성적에 반영할 객관적인 평가를 할 엄두도 쉽게 나지 않았다. 그때부터 각종 연수 기관을 찾기 시작했다. 실천성 있는 출석 연수들을 두루 섭렵했으나, 원론적인 구호에 그치는 것이 많아 길이 보이지 않았다.

교사 연수계에도 변화의 바람이 불어 이전까지 교육청이 주관했던 연수를 교사연구회에 일임하게 되었는데, 그 시작이 NTTP연수였다. 일선 교사들의 우수한 수업사례를 들으며 사막에서 오아시스를 만난 듯 협동학습, 온책읽기, 토론학습, 하브루타 등, 학생들의 배움을 촉진하는 '그들의' 수업을 그대로 흡수해 현장에 시도했다. 하지만 '우리' 학교 아이들에게는 잘 통하지 않는 것이 많고, 어떤 것은 설명이 잘 이어지지 않았다. 또 어떤 것은 활동지의 수준이 맞지 않아 낭패를 보기도 했다. 다시 성찰이 시작되었다. 지난한 과정을 거쳐 아이들에게 참 배움이 일어나 삶을 일궈나가는 역량을 키울 수 있도록 하는 내 수업방식은 결국 나에게 맞는 것을 스스로 연구해야 하는 것임을 깨닫게 되었다.

독서토론실기직무연수에서 만난 강사와의 인연으로 2012년 경기중등독서교육연구회에 발을 담그게 되었다. 번거로운 준비 과정부터 책과 함께 하는 모든 학습활동을 교실로 가져와 소외되는 학생 없이 '교실에서 실천 가능한 독서교육'을 만들어가는 연구회의 주제가 내 철학과 참 잘 맞았다. 선배 교사들의 연구를 공부하고 현장에 적용하며 각 학교의 학생들이 스스로 자기만의 의미를 찾아낼 수 있는 수업을 하기 위해 노력했다.

앎과 삶이 일치하는 교육을 실천하고자 마음을 먹은 것은 이때부터였다. 아이들의 삶을 더 나아지도록 돕되 함께 더불어 사는 데 기여하는 의사소통 능력을 갖추도록 지원하는 꿈을 꾸기 시작했다. 함께 잘 사는 세상, 그를 위한 교육. 이것은 홍익인간을 길러내고자 하는 대한민국 교육법의 정신이자 '한 사람도 소외시키지 않는다'는 지속가능발전목표의 본질적 목표이고 '한 아이도 포기하지 않겠다'는 경기교육의 모토이기도 했다. 내가 지속가능발전협의회를 만난 건 최근이지만 내 교육 생애 주기 속에서 난 이미 지속가능한 삶을 위한 교육의 본질과 학교 국어교육의 정체성을 고민해왔던 것이 아닐까.

삶을 이롭게 하는 국어교육 실천기

삶을 이롭게 한다는 것은 경쟁에서 살아남는 법이나 돈 잘 버는 법을 가르치는 것과는 결이 다르다. 혼자 잘 살려고 발버둥쳐봤자 결국 혼자 잘 살 수 없다는 건 역사적으로 검증된 불변의 진리다. 두 아들의 영어 학습지 선생님으로부터 '임계량'이라는 말을 들은 적이 있다. 어린아이들에게 영어 단어를 계속 노출시키다 보면 어느 순간 들은 것을 말로 토해내는 결정적인 순간이 온다는 것이다. 임계량에 이르도록 꾸준히 반복적으로 영어를 들려줘야 한다는 것이다.

실제 삶에 도움이 되는 국어교육을 실천하게 되기까지 임계량이 있을 것만 같았다. 무한히 다양한 연수를 통해 배우고 또 배우면, 스스로 학습하고 준비하면, 언젠가는 교실 속에서 그런 수업을 감동적으로 토해낼 수 있을 것만 같았다. 하지만 그런 날은 심봉사 눈 뜨듯, 볼 일 있다고 알아서 오는 것이 아니었다. 지식만 채우면 되는 게 아니라 용기가 절대적으로 필요했다. 번지점프대까지 올라가 놓고 발을 헛디뎌 떨어질까 걱정하듯, 기껏 힘겹게 준비해놓고도 막상 도전했다가 잘 안 되면 어쩔까 하는 걱정으로 우유부단하게 기존 수업을 반복하고 있는 것이 나의 현실이었다.

하지만 뭐든 자발적으로 시작하기는 어려워도 누군가에게 끌려가듯 시작하는 건 쉽다. 운명의 동료 교사를 만나 그 포문을 열게 되었다. 직전 근무

학교에서 혁신학교 개교 공신이었다는 선생님이 전근을 오셨는데, 그분과 같은 학년 국어수업을 나누어 들어가게 되었다. 나름 기대가 컸는데 아니나 다를까 거침없이 수업을 주도하시며 학습지를 만들어 공유하셨다. 그 선생님이 하는 수업을 어영부영 따라 하기 시작한 것이 어설픈 첫 '삶 연계 국어수업'이다. 단행본 한 권을 다 읽는 과정으로 시작하는 국어수업을 하려니, 디지털 원주민이라 불리기 시작한 아이들이 책이라는 존재 자체에 두드러기라도 일으킬까 걱정이 되었다. 때문에 과정중심 수행평가의 비중을 70%까지 올려(혁신학교라 가능했다) 거의 모든 수업 시간 활동을 수행평가에 반영하기로 했다. 수행평가 항목에 논술과 토론, 독서포트폴리오를 나누어 넣고 점수를 배분했다. 수업 중 실습 활동이 그대로 성적에 반영된다면, 좀더 활동에 신중해질 것을 기대했다. 또 책을 읽어내는 과정과 책의 내용을 바탕으로 사고하고 표현하는 것이 중요하므로 아이들이 자신의 수준과 흥미에 맞는 책을 마음껏 고르도록 해서 책에 대해 긍정적인 생각을 갖도록 배려했다.

교과서 단원이 끝날 때마다 국어시간에 배운 것을 책을 읽으며 적용해볼 수 있도록 자유로운 독서시간을 준 후, 자유롭게 활동지를 채우도록 했다. 한 학기 5개 정도 대단원이 있다면 최소 네다섯 번 정도 도서관에 가서 활동지를 작성했다. 활동지는 책에서 인상 깊은 구절을 골라 자기 삶으로 연계하거나 감상을 표현하는 것을 기본으로 하고, 문법 단원을 학습한 후엔 배웠던 문법 내용을 만화책에서 발견해보는 식으로 단원의 특색에 따라 다르게 도서를 활용했다. 책 속 세상은 간접적인 삶의 공간이 되기 때문이다. 성실하게 내용을 채워 제출하기만 하면 독서포트폴리오 만점을 받을 수 있도록 했다. 활동지가 독서의 재미를 반감하지 않도록 하기 위해서였다. 날씨가 좋은 날엔 돗자리를 준비해 교내 숲과 나무 그늘에 엎드리거나 여기저기 걸터앉아 책을 읽도록 했다. 옆에 있는 친구와 이야기를 나누거나 멍하니 하늘을 바라보는 친구들도 있지만, 책과 함께 그럴 수 있는 날을 맞이한다는 건 책에 대한 좋은 기억을 남겨줌으로써 책이라는 존재가 삶의 일부로 다가가기를 바랐다.

토론논술수행평가도 우리 삶의 중요한 지점과 연계했다. 원자력발전이라는 중학생에게 다소 어려운 주제를 선택했지만 전기와 에너지는 지속가능한 삶을 위한 전 인류의 보편적인 과제이기에, 토론수업 과정을 세세히 돕고, 진행 속도를 완만히 조절하는 등 충분한 시간을 두고 충분히 깊이 있는 학습이 될 수 있도록 했다. 아이들은 전기량의 감소로 자신의 편리가 사라질 수도 있다는 것에 놀라워하며 스스로 동기를 부여했다. 놀라운 것은 에너지, 방사능, 원자력 등에 관한 전문서적을 자료 수집 과정에 제시해주었을 때 한 명도 빠짐없이 읽어내려고 애썼다는 것이다. 평소 손도 대지 않을 책들을 아이들이 읽기 시작했다. 어렵다고 투덜거리면서도 사전을 뒤적이며 읽어내려고 애썼다. 책을 통해 알게 된 것들과 자신의 토론 근거로 활용할 만한 것들을 사전 활동지에 적어 두도록 했다. 발췌독을 하는데도 어려운 어휘들 때문에 읽는 시간이 오래 걸렸다. 나는 이 과정에서 만화만 줄기차게 읽던 아이들이 환경, 과학 전문도서를 읽어내는 것이 감격스럽기까지 했다. 심지어 책 읽을 시간을 더 달라고 요청하는 기적 같은(?) 아이들도 있었다. 단위수가 강점인 국어수업의 이점을 활용해서 시간 투자를 더 해 2시간 이상 책을 실컷 읽도록 해주었다. 팀을 이뤄 토론을 해야 했기에 아이들은 읽은 내용을 스스로 공유하고 읽은 내용을 어떻게 쓸지 고민하기도 하고 책을 통해 토론의 입장을 새로 정하기도 했다. 아이들은 책을 읽고 실생활에 활용할 수 있고, 책이 그렇게 우리 삶에 도움이 되는 것임을 배워나갔다.

문학은 작품에 반영된 사회문화를 학습하는 단원이 필수적으로 있다. 그 시대 배경에 대한 지식을 학생들에게 줘야 할 때, 영상이나 말로 설명하는 대신 책을 선택했다. 작품을 읽고 느낌을 나눈 후, 단행본에서 발췌한 자료를 인쇄하여 나누어 주었다. '한국사 편지' 같이 이야기식으로 쉽고 친근하게 쓴 역사서에서 배우고 있는 작품과 관련된 부분을 넓게 발췌하여 나누어주었다. 읽을 시간을 주고 교과서 여백에 시대 상황을 요약해서 적도록 했다.

문법이 일상의 언어생활을 어떻게 돕는지 깨닫는 지점이 있도록 수업을 설계했다. 서로 오해 없이 의사소통함으로써 '나'와 '우리'가 함께 잘 살 수 있도록 돕기 위해 필요한 것이기 때문이다. 수업 시간에 표준어와 맞춤법, 그 체계와 규칙에 대해 배운 후, 그 체계와 규칙을 찾으러 마을로 데리고 나갔다. 등하굣길을 모둠원들과 걸어다니면서 간판, 전단지, 현수막 등에 쓰인 글과 배운 문법을 비교하도록 했다. 결과 보고서는 각자 다양한 양식으로 할 수 있으나 데이터를 통계로 제시할 수 있도록 했다. 단어의 분류를 배우고 나서는 도서관에 가서 만화책 속 사람들 대화 속에서 예시 단어를 찾아 미니 사전을 만들어보도록 했다. 배운 모든 것이 일상의 삶에서 펼쳐지도록 지속적으로 기회와 장을 마련해주었다.

3년 간 조금은 다른 길을 걸으며

"지역 임기제 장학사로 아이들의 삶과 배움에 대한 시야를 넓혔습니다."

2000년, 폐교 위기에 있던 한 초등학교의 '작은 학교 살리기' 운동으로 시작한 경기 혁신교육은, 2009년 혁신학교 정책을 통해 경기교육 전반에 큰 영향을 끼쳤다. 이후 정부 국정 과제로까지 공교육 혁신이 채택되면서 경기도뿐만 아니라 우리나라 공교육 전반에 의미 있는 변화를 일으켜 왔다. 2019년 3.0의 시대를 맞이한 경기 혁신교육은 학교 안팎의 모든 어린이 청소년에 집중하여 '단 한 명의 아이도 포기하지 않겠'음을 경기교육의 첫 번째 약속으로 선언했다. 이를 정책적으로 확산시키기 위해 경기도교육청은 마을교육공동체를 통한 지역 교육거버넌스 구축의 필요성을 깨닫고, 2011년부터 교육자치와 일반자치를 교육 협력 사업으로 연결한 혁신교육지구라는 정책을 시작했다(현재는 제5대 주민직선 경기도교육감 정책 공약 추진에 따라 명칭이 미래교육협력지구로 변경되었다. 이하 '혁신교육지구'는 '미래교육협력지구'로 명칭 변경하여 사용함). 당시 경기도교육청의 혁신교육지구란 학교와 지역사회가 적극적으로 소통하고 협력하는 지역교육공동체 구축을 위하여 경기도교육청과 기초지자체가 협약으로 지정한 지역을 말했는데, 미래교육협력지구로 명칭이 변경되었다. 학교와 지역사회 연계를 통해 학생이 자신의 꿈을 실현할 수 있도록 경기도교육감과 기초자치단체장이 협력하여 학교교육과정을 지원하고 지역미래인재를 양성하는 것을 큰 목표로 하고 있다.

당시 경기도교육청은 지역 주민에게 신뢰받을 수 있는 공교육 혁신을 목표로 지역사회 협력과 혁신교육 일반화를 함께 이루고자 했다. 미래교육협력지구 사업은 이렇게 좋은 비전과 철학을 가진 정책이긴 하지만, 학교와 지자체, 지역사회와 교육지원청이라는 매우 다른 기관이 긴밀하게 협력하고 협업해야 한다. 이들이 원활하게 협력할 수 있도록 경기도교육청은 큰마음을 먹었다. 관련 조례를 제정해 중간지원조직으로서 지원센터를 설치하도록 하고, 시군 교육지원청별로 3년간 전담할 임기제 장학사를 선발했다. 사실 나는 두 번째 혁신학교에 근무하며 지역에서 혁신학교 교사 네트워크와 혁신교육실천연구회를 운영하고 있었다. 행정적으로 지역 혁신교육에 행정적으로 도움이 되고자 하는 사명감으로 이 임기제 장학사에 지원, 미래교육협력지구 담당 장학사로 3년 간 활동하게 되었다.

혁신학교 두 곳에서 10년이 넘게 근무했지만, 혁신이라는 단어에 갇혀 계속 새로운 것을 추구하는 것이 정답은 아니라고 생각했다. 본질에서 멀어져

지엽적인 것, 형식적인 것에 매달리게 되는 것을 성찰함으로써 꾸준히 본질을 추구해야 한다. 주어진 시대적 상황에 맞게 방법은 달리해 가더라도 변치 않는 본질적인 것을 추구해나갈 수 있는 교육이 혁신이라고 생각했다. 미래교육협력지구는 그런 의미에서 앎과 삶이 일치하는 교육, 한 아이도 포기하지 않는 교육을 펼칠 수 있도록 일반자치와 교육자치, 그리고 주민자치를 연결했다. 지역교육생태계가 풀뿌리부터 자리 잡을 수 있도록 지원하는 정책과 사업으로 진화해야 한다고 판단하였다. 교육의 공공성을 확보하고 교육의 궁극적 목표인 시민성 함양에 집중하기 위해 상호부조(相互扶助) 정신을 북돋는 지역 맞춤 사업을 펼치고자 했다. 그런 철학이 꽃을 피운 사업이 '안산마을학교'이다.

안산마을학교 사업은 '마을에 대한, 마을을 통한, 마을을 위한 배움으로 앎과 삶이 일치하는 교육을 실현하고, 온 마을이 함께 학생들의 교육에 참여하여, 학생들이 한 명도 소외됨 없이 사회 구성원으로서 자존감을 높이며 바람직한 민주시민으로 성장하도록, 학교와 마을이 함께 책임과 권한의 협의체를 구성해 논의하고 실천하는 동반성장 마을교육생태계를 구축하기 위해' 기획되었다. 이 사업의 특징은 '마을'의 범위부터 한 학교를 중심으로 한 인근 생활공동체 단위로 한정한 점, 학생, 학부모, 교사와 마을활동가가 고른 비율로 협의체 구성원이 되어 마을학교 운영의 핵심이 되어야 한다는 점이다. 또, 마을과 연계하여 예산을 사용하는 데 교사의 피로도가 높기 때문에 마을활동가나 단체에 예산을 위탁할 수 있도록 배려했다. 처음에 정식단계 4개교, 준비단계 4개교로 시작했던 사업이 차년도엔 12개교, 그 이듬해엔 교사단위 마을학교까지 확장 운영되었다. 그중 한 학교가 지금 근무하고 있는 반월중학교다. 반월중학교와 반월동 마을활동가들은 '반달마을학교'라는 이름으로 위 사업을 3년 간 실시했는데, 그 구체적 내용을 말하기 앞서 안산과 나의 인연을 밝혀야겠다.

다시 현장 교사로 아이들의 배움을 삶과 연계하다

"현장은 전쟁터, 그렇지만 그 속에서도 아이들이 지나간 길엔 꽃이 핀다."

안산은 내게 매우 뜻깊은 곳이다. 국어교사로 처음 발령받은 곳이며, 장학사로 전직하기 전 국어교사로 마지막 근무한 곳이기 때문이다. 그중에서도 반월중학교는 교직 생활 슬럼프가 찾아왔을 때 전입 간 학교였는데, 그곳에서 잊지 못할 제자들을 만나 마을 속에서 마음껏 아이들과 함께 학교 생활을 했던 곳이라 애착이 간다. 아이들은 선생님을 신뢰하고 사랑할 줄 알았으며, 학부모와 교사도 서로를 존중하고 이해하며 아이들의 교육을 위해 힘을 모으는, 근래에 보기 드문 학교였다. 위치적으로 도심지에서 살짝 벗어나 한적한 교외에 속하며, 마을 구성원도 정주하는 주민들이 많이 분위기기 매우 안정적이다. 초등학교 2곳, 중학교 1곳, 고등학교 1곳이 가까운 거리에 함께 있어, 살고 부대끼며 학생들과 주민들이 생활권 내에 서로를 지켜보는 거리가 가깝다. 학교가 마을과 만나고, 학교와 학교가 서로 의지하며 으쌰으쌰 함께 잘살아보자고 힘을 모으기에 최적의 조건인 셈이다.

반월중에서 근무하는 동안 마을과 함께, 마을 속에서, 마을을 위해 많은 교육과정을 시도하고 운영하며 가시적인 결과까지 낼 수 있었던 건, 사랑스럽고 이쁜 아이들과 그들을 함께 길러낸 마을 사람들 덕분이었다고 생각한다. 반월의 삶을 사랑스럽고 생생하게 글로 펼쳐낸 마음 따뜻한 무명 마을 작가님도 그런 반월 사람 중 한 명이다. 여러 마을연계 교육과정을 운영하며 알게 된 분인데, 반월중 학부모로 활동하다 아이들이 졸업한 이후 학부모 독서모임을 하였고, 이어 마을 내 청소년들과 마을의 다양한 활동에 함께하셨다. 그분은 사람과 세상을 보는 눈이 매우 따뜻하며 희망에 가득 차

있다. 그분이 쓴 마을공동체 삶을 다룬 책을 읽어보면 글 속에 심은 희망의 씨앗들이 읽는 이들의 가슴에서 더불어 사는 삶의 가치로 피어난다. 하여 이런 마을 활동가이자 마을 작가님을 국어수업 시간 '마을사진 찍고 글쓰기' 수업의 사전활동 강사님으로 모시고 왔다. 아이들은 자신들이 사는 곳에서 20년 넘게 살아온 어른이 마을을 어떻게 이해하고 마을에서 어떻게 삶을 이루는지 귀기울여 듣고 동네에 의미부여를 시작했다. 사는 곳에 의미를 부여하는 것은 사는 곳을 더 나은 곳으로 만들고 나아가 자기 삶을 개척하는 가치관의 초석이 된다.

반달마을학교 운영은 좋은 여건에서 마을과 학교가 꾸준히 함께 호흡해 왔기 때문에 매우 순조롭게 진행되었다. 취지에 맞게 반월중학교 학부모이셨던 마을활동가들과 사회복지센터 직원, 반월 공단 내 기업 대표, 그리고 학생대표, 교사대표를 구성원으로 한 마을교육협의체를 구성한 뒤 운영계획을 수립하고 연중 사업 운영을 협업하였다. 학생들이 발 딛고 살아가는 삶의 터전을 더 좋은 곳으로 만들기 위한 첫 번째 프로젝트는 마을 전체를 휘감고 흘러가는 건건천과 반월천 가꾸기였다. 교육과정 내 창체 시간, 자율동아리 활동 등과 연계하여 한 학기에 한 번씩 EM흙공을 만들어 한 달간 발효시킨 후 직접 하천에 가서 던지는 퍼포먼스를 한다. 만들고 던지기에 참여하는 학생은 순수 희망자였으며, 그 아이들에게 봉사활동 시간을 부여했다. EM흙공을 만드는 날엔 우선 마을활동가가 우리 마을 하천의 이야기를 시작으로 EM흙공의 생태 과학적 원리까지 친절하게 상세하게 설명해주신다. 또 마을 내 기업 직원 봉사단에서 매번 함께 참여하면서 학생들에게 동네 인생 선배로 오순도순 삶의 이야기들을 나누어주기도 한다.

1학기 때는 발효된 EM흙공을 던지고 난 후, 학생들이 주도하는 길거리 음악회 공연도 한다. 반월에는 마을활동가와 반월복지센터가 운영하는 마을

청소년 동아리가 있는데, 이들과 반월중학교 학생들이 주축이 되어 밴드, 댄스, 무대진행 등 마을 공원 공연장에서 공연을 운영한다. 주말임에도 불구하고 바로 옆 초등학교와 고등학교 교원들도 참여하는 가운데 5월 봄날 하루를 자신들의 잔칫날로 만든다.

아이들은 자신들이 사는 곳에 어떤 환경 생태계가 꿈틀대는지 다시 보고 문제를 인지하고 해결하는 방법을 배워나간다. 또, 혼자서는 엄두도 낼 수 없었던, 모두에게 도움이 되는 기특한 일을 함께했을 때 가슴이 뜨거워지는 경험을 하고, 자신의 재능과 끼를 수시로 마을에서 펼쳐 보이며, 교실에서와는 또 다른 자존감을 찾아나간다.

2학기 때는 걷기 좋은 가을날에 하천에 EM흙공을 던진 다음, 학생과 마을 기업 봉사단, 마을활동가를 짝을 지어 한 손엔 집게, 한 손엔 쓰레기봉투를 들고 하천을 따라 걸으며 쓰레기를 줍는다. 걷는 동안 반월 청소년들은 랜덤 짝꿍이 된 마을 어른들과 함께 미션카드를 들고 묻고 답하며 사소한 것부터 진지한 이야기까지 두루 삶의 정보들을 나눈다.

건건천에는 마을 사람들이 가장 많이 이용하는 도로 겸 인도이기도 한 큰 다리가 있다. 그 아래 공간에는 우리 반월중 벽화프로젝트 교내 동아리 학생들이 그린 고래 벽화 작품이 있다. 반월동에서 미술 관련 사업들을 운영하며 청소년들을 위해 벽화 작업을 조금씩 돕던 ○○인테리어 사장님이 동아리 활동 협력 강사로 함께하며 마을 하천 아래 산책로까지 새 단장을 하는데 큰 도움을 주셨다(학생 지도 협력 강사의 경우 시간당 4만 원의 강사료가 전부다. 원고료도 받지 못한다. 학교를 통해 지급되는 협력 강사비의 한계는 열정 페이로 극복하기 어렵다. 앞으로 현실화가 필요하다).

이런 다양한 학교 안팎의 일들을 마을신문기자단 교내 동아리 친구들이 직접 취재하고 기사를 작성해 분기별 한 번씩 신문을 제작한다. 교내 자율

동아리로 교내 지도교사가 있지만, 이 역시 마을작가로 활동하는 학부모 출신 마을활동가가 협력 강사로 함께한다. 학생들이 다니는 모든 취재 장소에 동행하고, 기사를 검토해주며 글이 성장할 수 있도록 돕고, 최종적으로 신문 편집과 출간의 모든 일을 보조해주신다. 오로지 마을 아이들의 행복한 성장을 위해 열정을 쏟아붓는 마을활동가들에게 존경과 감사를 전한다. 학교와 마을의 대소사를 함께 하고 그에 대한 글을 작성하면서 아이들은 자신의 모습을 돌아보기도 하고, 두루 인간관계를 넓히기도 하며, 기쁜 소식이든 슬픈 소식이든 전달자가 되어주는 과정에서는 소식지의 위용도 깨닫는다.

끝으로 마을 주관으로 10년째 이어져 온 반월동의 가장 큰 마을 축제인 '반달마을음악회'가 반월중학교 운동장에서 매년 열린다. 마을만의 축제를 열기에 적합한 공간이 우리 학교뿐이다. 학교도 아이들이 살고 있는 마을의 일부로 기능하고 함께 호흡하고 있다. 운동장에 설치된 큰 무대에 다양한 초대 공연들과 우리 반월 청소년들의 다채로운 재능들이 펼쳐진다. 반월의 모든 사람이 참여하고, 반월을 잠시 벗어난 사람도 돌아와 참여하고, 반월을 잠시 거쳐 가는 사람들도 참여하는 일 년의 가장 큰 축제를 학교와 마을이 함께 한다.

지역교육협력 장학사와 안산시지속가능발전협의회 사무국장의 만남

"뜻이 있는 곳에 길은 있다. 뜻이 옳다면!"

2022년 여름, 어느덧 장학사 3년 차가 되어 찬물, 더운물 정도는 구별할 수 있던 그때. 내가 근무하던 안산시 혁신교육협력센터 사무실에 손님이 찾아왔다. 시청 별관이었던 그 건물 5층에 위치한 안산시지속가능발전협의회 사무국장이라고 했다. 지역사회와 연계된 교육 사업들을 한창 운영하다 보니 여러 기관 단체들의 실무진을 많이 만나오던 터였지만, 지속가능발전협의회는 내가 먼저 찾아가고 싶던 단체였던지라 참으로 반가웠다. 목소리부터 표정까지 이야기를 나누면 나눌수록 호감이 가는 사람이었다.

"지속협에서 학생들 교육 쪽에도 활동하고자 하는데요, 학생들 교육에 어떻게 도움이 될 수 있을까요?"

SDGs를 알리고 기억할 수 있도록 직접 개발, 제작한 교육용 보드게임을 보여주었다. 난 어떤 단체든지 학생 교육을 하고자 한다면 학생들이 삶으로 받아들이고 깨달을 수 있도록 단계적이고 체계적인 프로젝트 형식이어야 한다고 주장했다.

"1회성 교육은 아니됩니다. ⋯ 선생님들이 교실에서 녹여낼 수 있도록 교사들의 수업을 도와주는 도우미를 양성하시면 어떨까요?"

"아, 그런 방법이 있군요. 좋습니다! 그럼 저희와 같이 협의를 해주실 선생님들 더 알아봐주시면 감사하겠습니다."

이렇게 시작된 논의는 교사를 지원하는 SDGs 수업 도우미 강사 양성에서 교사연수를 지나 결국 인식 확대와 홍보, 후속 교사 모임까지 염두에 둔 '교사 워크숍'으로 결정되었다. 국내 지속가능발전협의회(이하 지속협)가 교사와 함께 직접 지원 방안을 모색하는 일은 전례가 없었기 때문에 우리는 첫발을 떼는 작업으로 최대한 가볍게 시작하기로 했다. 많은 협의의 시간을 거쳐 여름방학 무렵 1박 2일간 '미래교육과 지속가능발전목표(SDGs) 교사 워크숍'을 화성에 있는 호텔에서 진행했다. 교사들의 지속가능발전 교육에 대한 이해와 17개 목표를 학교 교육 과정에 연계하는 시도를 한다는 데 큰 의의를 두었다.

첫날은 오수길 교수님으로부터 받았던 영감을 그대로 전하고자 교수님을 모시고 '지속가능발전을 위한 교육'이라는 주제의 기조 강연을 듣고 '내 수업에서 SDGs 발견하기' 워크숍을 통해 학교 현장에서 진행했던 수업, 자율 활동, 동아리 등의 경험을 나누면서 지속가능발전목표와의 연계 지점을 찾아보았다. 이튿날 아침 'SDGs를 적용한 교육과정 개발' 워크숍에서는 다양한 교과 교사가 섞인 모둠별로 실제 학교에서 시도해볼 만한 융합교육과정을 구상해보았다.

놀라운 것은 교실에서 이미 SDGs를 학생들과 실천하고 있는 교사들이 생각보다 많았다는 점이다. 어떤 삶을 살아야 하는지에 대해 관점과 뜻이 같은 교사들이었다. 그 어떤 이해관계보다 삶의 가치관이 비슷한 모임은 훨씬 쉽게 동질감을 느끼고 합을 맞추어 나갈 수 있다. 우리는 그렇게 SDGs 교사 연구모임을 시작했다.

내가 바라는 지속가능한 삶을 위한 교육은

학생들의 진정한 배움, 사교육 없는 학교수업을 간절히 원했다. 그리고 참 많이 노력했다. 하루하루가 전쟁터인 학교 현장에서 나의 수업을 돌아보고 학생들을 돌아본다는 것은 허허벌판에서 혼자 땅을 일구는 것처럼 외롭고 힘겨운 과정이었다. 같은 학교에 근무하고 같은 아이들을 가르치는 동료 교사와 교과서 재구성과 평가 문제로 엇갈리기도 하고, 융합교육을 실시하기 위해 학교 전체 교육과정 구성에 목소리를 높여야 할 때도 있었기 때문이다. 학생을 위해 하려는 일들이 교사를 번거롭게 만든다며 거절당하는 때도 있었고, 결과물이 화려하게 드러나는 보여주기식 행사로 만들려는 교사로부터 학생들의 순수한 배움을 지켜야 할 때도 있었기 때문이다.

하지만 이런 일련의 노력이 연이은 혁신학교 근무와 맞물리며 나를 끊임없이 성장시키는 동력이 되었다. 처음엔 내 뜻을 이해하지 못하는 동료들을 원망하기도 했고 따라주지 못하는 시스템을 탓하기도 했지만, 시간이 흐를수록 이 모든 것이 기회임을 깨닫게 되었다. 동료에게 내 뜻을 알리기 전에 동료의 뜻을 먼저 이해하고 그와 조화되기 위해 노력하며 그 동료와 함께 걸어야 진정 학생들을 위한 교육을 실천할 수 있다고 믿는다. 이것이 가장 중요하면서도 가장 어려운 일이기에 학교 안 학습공동체는 물론이거니와 학교 밖 학습공동체, 네트워크, 지역 연대에 다양하게 참여하며 함께 배움으로써 집단지성을 발휘하고, 이 모든 것이 오로지 학생들의 행복한 배움을 향해 닿을 수 있도록 노력하고 있다. 아이들에게 좋은 삶을 살게 하려면 가르치는 사람부터 좋은 삶이 무엇인지 성찰하고 그런 삶을 살기 위해 노력해야 하지 않을까.

자본주의의 맹렬한 흐름 속에서 세상은 다변화해왔다. 인간의 존엄함을 지킬 수 있는 사회 정의를 부르짖는 시대에 더 이상 교육은 학교의 전유물이 아니며 교육의 책무도 오롯이 학교에만 있지 않다. 학교 또한 더 이상 '마을의 섬'으로 존재해서는 안 된다. 존엄한 인간인 '한 아이도 포기하지 않는 교육'을 실현하기 위한 노력은, '한 아이를 키우기 위해 온 마을이 필요하다'는 오래된 외국의 속담을 끊임없이 상기시킨다.

아이들이 발 딛고 살아가는 삶의 터전, 그 마을의 구성원에게도 아이들 교육에 대한 권한과 책무가 존재한다. 이를 학교와 마을 모두가 인식하고 서로 배우고 협력해야 한다. 이를 위한 교육청과 지자체의 협력적 움직임이 미래교육협력지구나 경기공유학교와 같은 정책이나 사업들을 통해 나타나고 있다고 볼 수 있다. 하지만 현장 교육공동체 구성원의 실질적인 참여 의지가 없다면 본질에 도달하기 어렵다.

따라서 학교 단위 교육 공동체의 움직임이 우선되어야 한다. 교사, 학생, 학부모, 지역사회가 함께 교육 협력자로서 학생들 생활근거지로 시작해 지역사회 전체의 교육 자원부터 파악하고 부족한 것을 발전시킬 수 있도록 마을 구석구석을 직접 들여다보고 만나면서 가르치는 아이들이 살아가는 공간과 사회를 알아가야 한다. 학교 교사 역시 마을 구성원으로서 함께 고민하고 함께 호흡하고 함께 걸으며 지역사회 교육공동체 살이에 협조해야 한다. 지역 여건과 상황에 맞는 지역사회 교육공동체 구축 및 운영에 참여하며, 학생들에게 더 나은 마을을 만들어가는 교육으로 지역사회 교육공동체 삶을 보여주어야 한다.

이렇게 내가 바라는 지속가능한 교육은 모든 아이들이 자신이 발딛고 사는 곳에서 자신의 삶의 능동적인 주체로 잘 살아 나갈 수 있도록 모든 교육 공동체가 한마음으로 돕는 것이다. 그로 인해 아이들이 함께 하는 어른들과의 삶 속에서 어른과 함께 행복하게 성장함으로써 '지속가능한, 인간다운 삶'을 보장받도록 하는 것이다. 그런 삶과 연계된 교육의 장, 수업의 현장에서 아이들의 반짝이는 눈과 행복한 미소를 보는 것이 내 수업의 가장 큰 보람이다.

운영 Tip

1. 배움이, 앎이 삶과 일치해야 하는 이유를 교사 스스로 충분히 공감하고 이해한 후에, 학생들에게 충분히 숙지시키는 과정이 선행되어야 한다. 교사의 확신이 수업 성공의 큰 비결이다.

2. 학생들의 통학로와 학교가 속한 마을과 지역사회 내 자원에 대해 알아둔다(학부모는 가장 좋은 마을교육자원 정보원이자 믿을 수 있는 교육협력자다. 교육지원청의 교육자원 지도, 지자체 홈페이지, 행정복지센터, 도서관, 평생학습관 등의 안내 자료를 잘 챙겨본다).

3. 수업 활동의 본질을 학생들의 삶과 연계할 방안을 학년 초에 고민한다. 학교가 주력하고 있는 자율과제, 자율과정, 자율시간과 연계될 수 있다면 예산 지원도 가능하다. 수업 활동 과정을 수행평가로 반영한다면 학생들의 학습 동기는 더욱 강화된다.

4. 모둠활동은 선택이지 필수가 아니다. 모둠활동을 해야 할 때는 학생 상호 간 시너지가 일어날 수 있다는 확신이 있을 때만 활용하며, 취지에 도달하도록 교사가 꼼꼼히 모둠별 지도를 해야 한다. 모둠의 결과를 점수로 반영하지 않도록 해야 한다. 무임승차자가 발생하지 않도록 철저히 활동을 기획, 실행해야 한다.

5. 온·오프라인 활동은 상황에 따라 병행하는 것이 좋다. 다양한 디지털 플랫폼으로 학생 활동 결과물을 공유하는 것은 좋으나 개인적 활용 기술에 의지해서 활동 결과물을 산출하지 않도록 주의해야 한다.

6. 수업의 과정을 그대로 수행평가로 반영하려면 수업시간마다 쓰는 활동지가 많을 것이다. 연초에 워크북으로 제작해 배부하는 것도 좋다. 학생들이 낱장 학습지는 쉽게 잃어버리기 때문이다.

나의 수업(혹은 내 수업 활동)과 SDGs 17개 목표 매칭하기

	수업에서 교사가 의도하고 학생들이 깨달은 SDGs
1. 마을하천 살리기 활동	⑥ 물과 위생 ⑪ 지속가능한 도시와 공동체 ⑬ 기후변화 대응 ⑭ 해양 생태계 ⑮ 육상 생태계
2. 마을 탐방 마을 사진글 쓰기 활동	⑤ 양질의 교육 ⑪ 지속가능한 도시와 공동체 ⑮ 육상 생태계 ⑯ 평화, 정의와 제도
3. 설명하는 말하기 듣고 설명하는 글쓰기	①~⑰ 모든 목표 ⑪ 지속가능한 도시와 공동체 ⑯ 평화, 정의와 제도
4. 원자력발전 타당성에 대한 독서토론논술	③ 건강과 웰빙 ⑦ 깨끗하고 저렴한 에너지 ⑧ 양질의 일자리와 경제 성장 ⑨ 혁신과 인프라 구축 ⑪ 지속가능한 도시와 공동체 ⑫ 지속가능한 소비와 생산 ⑬ 기후 변화 대응 ⑮ 육상 생태계 ⑰ 파트너십
5. 마을벽화 그리기 활동	⑪ 지속가능한 도시와 공동체 ⑯ 평화, 정의와 제도

수업에 사용한 양식들과 사례

- 국어 프로젝트수업 계획서

스스로 서고 더불어 성장하는 행복한 반월중학교
**2023학년도 안산마을학교 교사단위
국어 교과 프로젝트 [설명과 이해 단원] 운영 계획**

반월중학교 2학년 국어 담당교사 박은영

I 목적

1. 다양한 설명 방법에 관해 알아보고, 말과 글에 사용될 설명 방법이 적절한지 판단할 수 있다.
2. 우리 삶과 직접 관련된 사회적 지식을 설명하는 상황에 적용함으로써 앎과 삶이 일치하는 교육으로 문제해결역량을 향상시킨다.
3. 설명 대상과 내용에 적절한 설명 방법을 사용하였는지 여부 및 표현 효과를 판단할 수 있다.

II 방침

1. 지역사회 사회, 환경 분야 전문가와 함께 교과 수업 목표에 효율적으로 도달할 수 있도록 협의하고 협력한다.
2. 학생들 배움을 실제 삶의 공간으로 확장·적용하여 풍부하고 실질적인 배움을 가능하게 하도록 한다.
3. 안산 미래교육협력지구 '안산마을학교 교사단위 프로젝트' 운영 계획에 따라 예산을 활용한다.
4. 사회적경제 강연: 안산시 소상공인지원과 사회적경제지원센터 소속 전문 강사 4인과 협력수업 운영
   - 강사진: 윤OO, 최OO, 우OO, 최OO
   - 강사료: 무료(안산시 사회적경제지원센터 지원)
5. 기후환경 강연: 안산시 지속가능발전협의회 사무국장 1인과 협력수업 운영
   - 강사진: 사무국장 강OO
   - 강사료: '안산마을학교 교사단위 프로젝트' 교과 연계 수업 예산 활용

III 세부 추진 계획

☐ 수업 개요

1. 단원명: 3. 설명과 이해 (1) 설명 방법 파악하며 읽기와 듣기
2. 활동 내용: 설명하는 글과 말에서 다양한 설명 방법 파악, 설명하는 글쓰기
3. 일시: 2023년 10/30(월), 10/31(화), 11/2(목) 국어 교과 시간
4. 대상: 반월중학교 2학년 1반~4반 전체 학생
5. 장소: 반월중학교 2학년 각반 교실 및 도서관
6. 프로젝트 차시별 계획

차시	소주제	세부 내용	비고
1	교과 학습	▶ 본시학습 안내 : 정보 습득용 설명 글 읽기와 강연 듣기의 필요성 및 다양한 설명 방법을 통한 효과적인 설명의 필요성	도서관
2~3	이해 실습	▶ (전체활동) 사회적경제 주제 강연 듣고 정보 습득 및 다양한 설명 방법과 전략 파악 ▶ (모둠활동) 설명방법의 적절성과 효과 판단하기	협력강사
3	이해 실습	▶ (전체활동) 기후환경 지속가능발전 주제 강연 듣고 정보습득 및 다양한 설명 방법과 전략 파악하기 ▶ (모둠활동) 설명방법의 적절성과 효과 판단하기	협력강사
4~5	설명문 쓰기	▶ (개별활동) 강연 내용 중 선택하여 설명문쓰기	각 반 교실
6	공유 및 상호평가	▶ (모둠활동) 설명문 읽고 규칙에 맞게 평가하기	각 반 교실

☐ 프로젝트 세부 일정

구분	학급	일시	비고
사회적경제 관련 협력수업	2-1	2023. 10. 31.(화) 4,5교시	
	2-2	2023. 10. 31.(화) 6,7교시	
	2-3	2023. 10. 31.(화) 1,2교시	
	2-4	2023. 10. 30.(월) 3,4교시	
기후환경 관련 협력수업	2-1	2023. 11. 2.(목) 2교시	
	2-2	2023. 11. 2.(목) 4교시	
	2-3	2023. 11. 2.(목) 3교시	
	2-4	2023. 11. 2.(목) 5교시	

(※ 세부 일정은 교과 진도 상황에 따라 변동될 수 있음)

- 국어수업 활동지(설명하는 글쓰기)

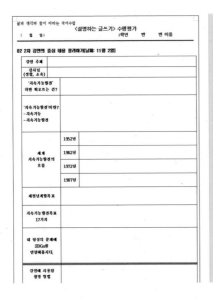

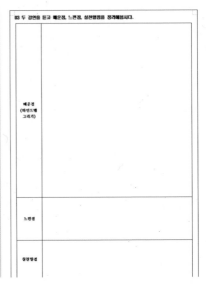

- 국어수업 활동지(사진글 쓰기)

도토리

치밑산에 도토리들이 모여있다.
이 도토리는 치밑산밑에 있는 빌라에
70년동안 거주하신 한샘씨가 아침에
에피타이저로 도토리묵을 먹기위해
금강산에서 직접 가져온 도토리이다.
이도토리를 한샘씨의 허락없이 만진
다면 러시아에있는 불곰처럼 만진사

18번의 관점 반월의 샛길

그 다리에서 내려와 쭉 길을 걸으면 여
러가지 작품들이 나오는데 그중에 한
개인 부모님과 걸어가는 아이 같은 모
형이 나오는데 그 모형을 가족과 함께
걸으면서 산책도 하고 전철이 지나갈
때에 불어오는 시원한 바람도 느끼면
서 사진도 찍고 그러면 좋을것고 느꼈
다 이길을 지나갈때 여러 모형들이 나
오는데 그 모형들이 아쉽게도 관리가
잘 되있지 않을듯 했다 관리가 좀 더
잘되어있고 더 많은 작품들이 전시되
어있거나 더 홍보했더라면 더 좋았을
듯 하였다

- 국어수업 활동지(우리 마을어휘 탐방)

1. 바람직한 언어생활 (1) 우리 마을 어휘탐방

(팀 일)   1학년   반   번 이름

학습목표 : 어휘의 체계에 대해 학습한 내용을 바탕으로 우리 마을 어휘 양상을 탐구할 수 있다.
일상생활에서 상황에 맞게 적절한 어휘를 사용할 수 있다.

01 우리 마을 어휘 탐방 프로젝트 단계

가. 역할 나누기

모둠원 이름	역할

나. 활동 시 유의 사항
- 안도로 다니기(길 건널 때 반드시 좌우 차량 확인하기, 친구따라 건너지 않기)
- 이동 중 친구랑 물으로 장난치지 않기
- 바람 활동 시 모둠장에 말에 귀기울이고 반드시 함께 하기
- 마을 상점 문열에 방해가 되지 않도록 주의하기
- 집합 시간 꼭 지키기
- 맡은 역할 책임감 갖고 수행하기

다. 보고서(패치 게시용) 만들기 : 보고서에 꼭 들어가야 할 내용
- 모둠별, 모둠 구성원 이름
- 조사 지역(구간)
- 고유어, 한자어, 외래어/ 지역방언, 사회방언(전문어, 유행어, 은어) 통계
- 어려운 어휘 단어, 뜻
- 맞춤법 틀린 바른 어휘로 수정
- 간판, 메뉴판, 광고, 안내문 등 다양한 마을 내 문구에서 어휘를 탐방한다.

라. 모둠별 게시 및 발표(윈더링플립차트-전람회 방식)

02 우리 마을 어휘 탐방 모둠별 조사 내용

어휘체계	우리 마을 어휘	조사 장소
고유어		
한자어		
외래어		
지역방언 (사투리)		
사회방언 (유행어, 전문어, 은어)		

---

1. 바람직한 언어생활 (1) 우리 마을 어휘탐방

(팀 일)   1학년   반   번 이름

학습목표 : 어휘의 체계에 대해 학습한 내용을 바탕으로 우리 마을 어휘 양상을 탐구할 수 있다.
일상생활에서 상황에 맞게 적절한 어휘를 사용할 수 있다.

우리 마을 어휘 탐방 보고서

분야	내용	비고
탐방 통계 (그래프, 도표, 또는 이미지로 표현하기)		

결론 : 통계 해석하기 + 결과에 따른 문제점은? + 개선할점		
활동 후 배운점, 느낀점, 실천할점		

인권·환경 융합교육

— 장희엽 (소래중학교 교감)

내가 생각하는 지속가능발전교육은 학교교육과정 내에서 지식과 기능을 습득하는 데 멈추지 않고 일상적인 삶과 연계하여 습관화, 삶의 양식화, 개인의 정체성 형성, 사회의 분위기와 문화로 자리잡는 것이다. 하루 세끼 밥을 챙겨 먹듯 자연스럽게 생각이 행동으로 이어지는 교육이며, 법률, 규칙화 되지 않더라도 대부분의 사회 구성원이 상식으로 생각하는 가치가 되는 것이다.

해가 지나갈수록 인권과 환경문제가 건강한 공동체 유지에 있어 핵심 가치로 떠오르고 있다. 성, 학력, 문화, 나이, 민족이나 국가 등 다차원적 인권문제들이 사회 갈등으로 부상하였고 해마다 심각해지는 환경오염 문제는 지구의 생존시계를 단축시키고 있다.

평화로운 공동체 유지를 위한 지속가능한 인권, 환경교육은 교과수업을 통해 개인적으로 실천한 것도 있었지만, 대체로 학년교육과정 통합이나 융합수업을 실천하는 과정에서 주제를 정해 모든 교과가 함께 교육적 효과를 높이고자 하였다. 또한, 지역 시민단체와 협력수업을 통해 해당 분야의 전문성을 지닌 강사들과 수업 방법에 대해 함께 고민하며 체험 중심의 학년 말 교육과정을 계획, 실행하였다.

어떻게 하면 학생들이 인권, 환경 문제를 자신의 문제로 생각하게 할 수 있을까?, 인권, 환경 문제를 해결하기 위한 실천의지를 길러줄 교육 방법은 무엇이 있을까? 쉽지 않은 주제를 품고 선생님들과 함께 교육방법을 탐구하였다.

지속가능한 인권 교육

민주주의 사회는 지속가능발전 교육의 기본 토대라고 생각한다. 모든 사람이 인간으로서의 존엄과 가치를 지니며 행복한 삶을 누릴 수 있는 사회가 질 높은 민주주의 사회이다. 존엄과 가치를 보장받아야 매슬로우가 말한 욕구 단계설의 최상 단계인 자아실현이 가능하고 개인의 안위, 경쟁에만 몰두하는 것이 아닌, 사회환경에 관심을 가지고 건강하고 행복하게 공존하는 공동체를 만들어 갈 수 있기 때문이다.

차별과 배제가 없는 사회, 모든 사람의 인권이 보장되는 사회를 만들기 위한 감수성과 실천력을 키워준 교육 경험으로 인구교육 연구시범학교 운영에 동참한 것과 교과융합(통합) 프로그램을 공동 연구한 것이 떠올랐다.

인구교육시범학교 운영에 동참했던 시기는 2008, 2009년이었다. 현재도 우리나라는 전 세계에서 최저 출생률을 기록하고 있지만, 15년 전에도 출산율 저하에 대한 우려가 커져가고 있었다. "아이들의 힘찬 함성, 최강국력 대한민국", "아이사랑 나라사랑 다산으로 애국하자", "많이 낳을수록 경쟁력이 올라간다" 등 인구교육 프로그램 일환으로 실시한 표어대회 우수 작품은 당시 중학생들의 의식을 반영하기도 하였지만 인구교육의 방향을 짐작해 볼 수 있었다.

가족 간 친화를 근본적인 해결책으로 제시하고 있고, 이를 교과 수업을 통해 연계하여 지도하거나 학교 행사활동(체육대회 시 인구교육 주제로 가장 행렬하기, 인구문제 관련 퀴즈대회, 표어포스터, 글짓기 대회 등)을 통해 관심을 유도하였다. 또 가정과 지역주민들의 인식개선을 위해 어른들이 아닌 중학교 학생들이 인구를 늘리자는 가두 캠페인을 진행하기도 하였다. 부모들의 인식 개선을 위해 "웃는 엄마가 행복한 가정을 만든다", "고령화 사회에서 효교육"을 주제로 학부모 교육을 진행하였다. 체육대회 때는 부모와 함께 달리기 활동을 통해 가족 간 친화를 도모하기도 하였다. 고령화 사회를 대비한 노인 상품 개발이나 양성평등 교육, 다문화 체험교육 등 프로그램도 개발하였다.

이처럼 그 당시에는 저출산의 주요 원인을 가족 문제로 여기는 경향이 강했고, 교과수업도 인구구조 변화에 따른 사회문제를 해결하고 국가 경쟁력 향상을 위해 결혼과 출산율을 높여야 한다거나 남녀평등을 통해 여성의 사회진출을 보장해야 한다는 의식이 저변에 깔려 있었다. 그런데 저출산 문제는 해마다 더욱 심각해지고 있고 인구절벽 시기가 다가오고 있다. 위와 같은 해결책이 실질적으로 학생들과 가족들의 인식은 개선했을지 모르나 실천으로 옮겨지지 못하고 있다. 그 이유는 무엇일까?

'가족문화가 다른 나라보다 친화하지 않아서'는 근본적인 문제가 아니라고 생각한다. 날로 심해지는 경쟁사회, 빈익빈 부익부, 불안과 갈등의 심화로 인한 안정적 삶에 대한 확신감 결여, 부동산값의 격등과 취업 불안, 자신 한 몸 챙기기 버거운 경제적 현실, 여전히 남아있는 성차별적 환경, 불신, 공포 사회 등이 맞물려 출산율 저하의 원인이 되고 있다. 따라서 인구교육은 가족 친화의 문제보다는 사회 전반적인 문화나 분위기, 제도 등을 두루 고려하여 새로운 관점에서의 교육을 모색해야 한다.

이를 위해 생명존중을 중심으로 한 인권교육이 필요하다. 우리나라는 이미 다문화국가이다. 한국인의 숫자를 늘려야 한다는 고정관념에서 탈피하여 국내에 거주하는 다문화인들을 우리 국민으로 인식하고 이들에 대한 인권 보장, 차별 금지, 복지 정책을 펼치는 것이 국가의 존립에 지속가능한 대안이 될 수 있다. 새로 태어나는 아이들에 대한 혜택을 늘리는 것도 필요하지만, 이미 태어나 살고 있는 사람들이 자존감을 가지고 삶을 건강하게 살 수 있도록 자살예방, 생명존중교육도 학교에서 강화되어야 한다.

생명존중교육으로 먼저 안산 A중학교에 근무하였을 때 학년 말 융합체험 활동 프로그램을 운영했던 사례를 소개하고자 한다. 지필평가 종료 후 방학 때까지 학생들의 학습 동기가 많이 떨어지는데, 이때 학생들의 흥미를 유발하는 다양한 교과 관련 체험활동 프로그램을 개발하여 수업을 운영하였다. 표(46쪽)와 같이 학년별로 주제를 정하여 교사들이 함께 프로그램을 개발하였다. 영화감상, 미술 활동, 생명존중 노래 개사하기, 아동학대 예방, 성교육 등 프로그램을 공동 연구하고 외부기관(강사)과 연계하여 체험 위주의 수업을 통해 생명에 대한 감수성을 길러주고자 하였다.

연간 의무 교육으로 실시해야 하는 성교육과 가정폭력 및 아동학대 예방 교육, 학교폭력 예방교육을 생명존중이라는 대주제로 묶어 학기 말에 집중적으로 실시하였는데, '탁틴 내일'과 같은 시민사회단체와 협력하여 체험 중심의 수업으로 진행하였다. 그동안 영상이나 학습지 중심의 수업으로 진행하였던 것과는 달리 외부 전문가의 수업은 학생들에게 신선한 흥미를 불러일으켰고, 생명 탄생의 신비함을 느끼도록 하는 것에서 그치지 않고 자살 예방, 폭력 예방, 타인 존중 등 다양한 차원에서 생명존중이 이루어져야함을 알 수 있도록 하였다.

교육을 통해 자신과 친구, 이웃의 존재가 소중함을 깨달았다. 민족, 성별, 학력 등의 차이가 차별로 이어지는 다양한 사례를 찾아보고, 말이나 표정, 행동이 상대방을 존중하지 않았던 적이 있었는지 돌아보면서 편견이나 고정관념을 깨트리고 민감성을 지니게 되었다. 남성과 여성의 이분법적인 성역할

요일-교시	프로그램명	담임 및 지도교사의 역할
7월 13일(금) 종례시간	전체적인 프로그램 설명	•4인 1조 모둠 구성하기 •우리 학급 10대 뉴스 선정
7/16(월) 1~2교시	탁틴내일학교폭력예방교육 (1~5반) 꿈끼탐색활동(6~10반)	•1, 2교시: 학교폭력예방교육(1~5반), 꿈끼탐색활동(6~10반) •3, 4교시: 학교폭력예방교육(6~10반), 꿈끼탐색활동(1~5반)
7/16(월) 3~4교시	탁틴내일학교폭력예방교육 (6~10반) 꿈끼탐색활동(1~5반)	•탁틴내일학교폭력예방교육(생활안전부) – 학교폭력 및 성폭력 관련 전문 강사 프로그램 운영 •꿈끼탐색활동(진로상담부)
7/16(월) 5~6교시	자유학기 주제선택	•자유학기 주제선택(주제선택 담당교사) & 2학기 자유학기 활동 안내
7/16(월) 종례시간	•생명존중의 주제로 개사하여 노래 부르기 안내	
7/17(화) 1교시	가정폭력및아동학대 예방교육(생활안전부)	•가정폭력 및 아동학대 예방교육
7/17(화) 2~4교시	<템플 그랜딘> 영화 감상하기	•난관을 극복하고 많은 사람에게 존경받은 실존 인물 템플 그랜딘의 인생을 진지하게 감상한다.
7/17(화) 5교시	자유학기 예술체육	•자유학기 예술체육 수업(예술체육 담당교사)
7/17(화) 6교시	영화 감상화 그리기	•영화 감상 후 개인별로 소감이나 느낌을 그림으로 표현해본다.
7/17(화) 7교시	생명존중으로 개사하여 노래 부르기	•모둠별 전지 1장 지급, 기존 곡에 생명존중과 관련한 노래로 개사한 후 다 같이 부르기 •학급별 우수 모둠 1팀 선정, 상품 지급
7/17(화) 종례시간	•우리 반 10대 뉴스 선정, 해당 뉴스와 관계있는 사진 준비해오기 •볼링대회 용 음료수병 10개 준비	
7/18(수) 1~2교시	성교육(1~5반) 우리 반 10대 뉴스 신문 만들기(6~10반)	•1, 2교시: 성교육(1~5반), 우리 반 10대 뉴스 신문 만들기(6~10반) •3, 4교시: 성교육(6~10반), 우리 반 10대 뉴스 신문 만들기(1~5반)
7/18(수) 3~4교시	성교육(6~10반) 우리 반 10대 뉴스 신문 만들기(1반~5반)	•모둠별로 우리 반 10대 뉴스를 선정하여 꾸민다. •모둠별로 4절 도화지와 유성매직은 지급, 학급별 우수 모둠 1팀 선정, 상품 지급
7/18(수) 5교시	볼링대회	•교실 책걸상을 양옆으로 정리 후 교실에서 실시
7/18(수) 종례시간	•방학계획표 세우기, 미니올림픽 활동 안내(체육복 준비)	
7/19(목) 1교시	방학계획 세우기	•1학기를 되돌아보고 방학 계획을 세운다.
7/19(목) 2~4교시	생명존중교육	•생명존중 교육(외부 강사)
7/19(목) 5교시	페이스 페인팅	•페이스 페인팅 물감은 학급별로 4개, 물휴지 2개 지급
7/19(목) 6~7교시	미니 올림픽	•경기마다 점수를 정해 개인 채점표를 준비한다. •모둠별로 제기차기, 딱지치기, 다트게임, 투호놀이, 병뚜껑 멀리 보내기를 실시하여 가장 높은 점수를 획득한 모둠에게 상품 지급

관점에서 벗어나 다양한 성정체성이 존재하며, 이로 인해 차별받거나 존중받지 못하는 사회현실에 대해서도 관심의 영역을 넓히게 되었다.

아쉬운 점은 학기 말 융합수업을 통해 생명존중에 대한 중요성을 인식하는 기회가 되기는 하였으나, 프로그램 간 순차성이나 연계성이 부족하여 백화점식 나열에 그쳤다는 의견이 있었다. 주제와 관련성이 부족한 프로그램(예를 들면 미니 올림픽 등)을 생명존중과 연계하여 수업하는 방안에 대한 고민이 더 필요하다고 생각하였다.

성차별 문제에서 학생들의 입장이 첨예하게 대립하기도 하였는데, 여성을 우대하는 정책과 페미니즘에 대해 노골적인 반감을 표현하는 학생들이 있었다. 이에 대해 적절한 교육방법을 모색하거나 교사 역시 성역할 고정관념에서 벗어나야 할 필요성을 느꼈다. 이를 위해 학교 안 전문적 학습공동체를 중심으로 페미니즘 관련 도서를 선정하여 독서토론을 하는 것부터 성에 대한 고정관념을 깨트리는 배움을 시작하였다. 2023년에는 학교 밖 교사학습공동체(파랑새 정원)로 확대하여 수원, 안산, 시흥, 군포 등 인근 지역의 선생님들이 모여 학습하고 있다.

다음의 생명존중교육 사례는 역시 안산의 중학교 사례이다. 2018~2019년 문화다양성 연구학교를 2년간 운영하였는데, 핵심과제 중 하나가 학년별 교과통합교육과정을 설계하여 수업하는 것이었다. 문화다양성의 요소 중 하나로 '생명 존중하기'를 설정하였는데, 자신에 대한 소중함을 인식하고 친구와, 가족, 마을, 사회, 세계시민의 소중함을 확장적으로 인식하도록 하는 것을 목적에 두었다.

3학년에서 실시한 교과통합 주제는 '아기 돌보기 프로젝트'이다. 국어에서는 아기 이름짓기, 과학에서는 아기 돌보기 수행평가, 기술가정에서는 육아용품 제작하기, 미술은 육아수첩 만들기, 영어는 영어로 육아일기 작성하기,

사회는 아동 인권보장을 위한 헌법 이해하기, 체육은 심폐소생술 연극하기, 음악은 자장가 가창, 도덕은 인권 선언문 작성 등 전교과가 참여하여 생명존중을 위한 프로젝트수업을 실천하였다.

먼저, **국어과**에서는 아기 이름 지어주기 활동을 하였다. '좋은 이름이란 무엇일까?'라는 질문을 토대로 뜻도 좋고 부르기도 좋은 이름을 찾아 탐색하는 활동에 호기심을 가지고 참여하였다. 새별이, 누리, 하늘이 등 고유어 이름을 붙인 모둠들도 있었고, 한자어 중 뜻이 좋은 이름이나 모둠원들의 이름 글자를 따서 붙인 이름도 있었다. 영어와 한글을 조합한 이름 등 시대의 흐름에 따라 선호하는 이름도 변한다는 것을 알게 되었으며 유행하는 이름이 무엇이 있는지 찾아보며 즐거워했다.

이름 지어주기 활동은 학생 자신들의 이름을 붙인 분의 마음을 헤아려 보는 계기가 되기도 했는데, 부모님이나 할머니, 할아버지께서 좋은 품성과 능력을 지니기를 기대하는 마음으로 지어주셨음을 알고, 소중함을 느끼게 되

아기 돌보기

육아수첩 만들기(왼쪽)과 수행평가 활동 기록지

었다. 나아가 친구의 이름을 부를 때에도 존중하는 마음으로 불러 주어야 하며 기분 나쁜 별명을 불러서는 안 되겠다고 생각하는 학생들도 있었다.

자신의 이름에 담긴 의미를 발표하는 시간을 가지면서 부정적으로 생각했던 자신의 이름에 대해 긍정적으로 수용하게 된 학생들이 많았는데, 이 또한 자신의 존재를 인정하고 태어남을 감사하게 여기는 기회가 되었다. 때때로 의미를 알 수 없거나 장난처럼 지어진 이름도 있었다. 의미를 부여하는 과정에서 이름을 함부로 짓거나 가볍게 여기면 안 되겠다는 공감대가 형성되기도 하였다.

도덕과에서는 인권선언문을 작성하여 발표, 전시하였는데 인권을 자신 나름대로 정의하며 약자와 어린이를 돕는 정의롭고 존엄한 사람이 될 것을 선언하였다.

기술가정과에서는 육아용품 만들기를 하였는데, 오토마다 제작 시간에 아기를 위한 장난감을 만드는 과제를 부여하였다. 아기가 흥미를 보일 만한 그림을 잘라 붙이고 손으로 조작했을 때 매끄럽게 작동해야 하는데 생각보다 완성도 있게 만들기 어려워하는 학생들이 있었다. 한 학생은 아기가 분유를 먹은 후 소화가 잘 되도록 등을 토닥여주는 장난감을 만들어 학생들 앞에서 시연하였는데, 토닥이는 속도가 너무 빨라 당황하였다. 아기의 발달과정과 신체적 특성을 세심하게 파악하여 실질적으로 도움이 되는 물품을 제작하는 것이 필요함을 깨달았다고 하였다.

과학과에서는 생명 관련 단원을 학습할 때 수행평가로 아기 돌보기를 하였다. 학생들은 처음에는 호기심 반, 평가에 들어간다는 의무감 반으로 모형으로 된 아기인형을 하루씩 돌아가며 안거나 업으며 돌보게 되었는데, 활동일지를 작성하면서 매 순간마다 아이를 돌보는 일이 쉽지 않음을 느끼게 되었다. 모든 학생이 아이를 돌보는 활동을 이어가며 생명에 대한 책임감을 기르는 효과도 있었다. 심지어 점심 급식시간에도 아이를 안고 먹으면서 아이에게 상황을 설명하고 말을 거는 모습, 체육시간에도 아이를 등에 업고 조심스럽게 이동하는 모습은 가르침의 보람을 느끼게 하였다.

이 프로그램을 기획한 교사들도 학생들이 인형으로 된 아기(실제 아기 몸무게인 3.5kg)를 함부로 대하지 않을까 걱정을 많이 하였는데, 생각보다 성숙한 아이들의 행동에 감탄하였다고 했다. 친구가 아이를 돌보고 있으면 가서 말을 걸기도 하고, 화장실에 다녀올 때는 대신 돌봐주는 등 자연스럽게 육아 품앗이를 하였는데, 옛날 마을에서 공동으로 아이들을 돌보던 우리 조상들의 모습과 비슷했다. 시간이 지나면서 무슨 활동을 하든 연약한 아기를 최우선으로 여기는 태도가 형성되면서 아동학대 예방 교육 등도 자연스럽게 이루어져 인성교육에도 효과가 있었다고 입을 모았다.

아기 돌보기 프로젝트가 2018년도 시즌1에 이어 2019년도 시즌2까지 이어지면서 수업 방법이나 내용도 점차 발전한 반면, 일부 교과에서는 수업 방법에 있어 타성에 젖기도 하였고 같은 학년을 가르치는 교사들끼리 이 프로젝트가 왜 필요한지에 대한 공감대 형성이 점차 어려워지기도 하였다. 지도교사의 전입, 전출에 따라 학교 교육의 비전과 철학의 공유가 지속적으로 이루어져야 할 과제를 남기게 되었다.

지속가능한 환경교육

폭염, 한파, 이상기온 등 한해 한해 기후위기의 심각함이 더 크게 느껴지고 있다. 기후 문제는 한 나라만의 문제가 아니라 전 세계에서 위기감을 인식하고 공동으로 실천해 나가야 한다. 그런데 기후 문제를 발생시킨 나라와 피해를 입은 나라가 다르게 나타나는 점 때문에 해결 실천에 미온적이기도 했다. 지구온난화뿐만 아니라 에너지 고갈, 사막화 현상, 쓰레기 처리 등 다양한

주제: 우리학교 급식 이야기			
과목	차시	소 재	비 고
사회	1	우리 엄마 학교 다닐 적에(스토리텔링)	-급식에 얽힌 이야기
	2	학교 급식이 탄생한 사회적 배경 무상급식을 둘러싼 논쟁과 사회변화과정 경기도학교급식에 관한 조례	-보편적 복지의 확대 -정치권의 변화 -법적 근거 찾기
	3	지역푸드, 우리 농산물과 학교급식의 관계 학교급식과 관련된 일하는 사람들 인터뷰	현장방문 탐색 가능
	4	급식에 문제가 생긴다면 어떤 일이 일어날까? 학교급식이 이루어지는 과정	기사나 에피소드 찾고 관련 하여 생각 확장
국어	3	모둠별 신문 만들기(각 교과에서 진행한 수업결과물) + 식단을 먹고 난 이후 소감문도 함께 첨부	다른 교과의 수업결과물을 보고 협업
과학	1	급식 사진 제시-영양소 파악, 건강	
	2	우리 학교 급식 식단 가지고 계산하기-칼로리	
	3	식자재 이동거리-로컬푸드-세계지도	거리, 비용, 지역 살리기
	4	유전자조작 식품에 대한 논쟁	
기술· 가정	1	오늘의 식단 분석 - 건강한 학교 급식 영양소 파악 - 분석의 느낌	
	2	우리 학교와 계약한 로컬푸드 찾아 레시피 작성하기	사회과와 협업
	3	영양사에게 식단을 짜서 제안하기	청소년 제안서 실천 효능감
음악	1	급식송 만들기(개사)	교내방송
체육	1	맨손 건강 체조 만들기	점심시간에 동작 따라하기
	2	다이어트와 건강한 몸	여성의 몸을 통제하는 사회
도덕	2	급식과 관련한 모둠별 UCC 제작하기	캠페인 제안
미술	8	세계 여러 나라 음식 만들기	

차원의 문제가 산적해 있는데, 미래 세대에게 해결 과제를 떠 넘기는 것 같아 미안한 마음도 든다.

지속가능한 환경보존과 관련하여 우리 학교 급식 이야기라는 주제로 통합 수업을 운영한 사례를 소개한다. 급식 문제는 단순히 잔반을 남기지 말자는 환경문제뿐만 아니라 급식과 관련된 제도 변화, 다이어트와 식생활, 로컬푸드 등 지역사회 살리기 등과도 관련되어 있어 여러 가지 사회적 쟁점을 학습하는 데 유용했다.

1학년 자유학년제 수업을 들어가는 모든 교과에서 학생들이 가장 관심 있는 급식을 둘러싼 수업을 진행하였다. 사회, 국어, 과학, 기술가정, 음악, 체육, 미술 등 전 교과가 참여하여 학생들에게 실질적인 문제의식을 갖게 하고 삶을 개선하도록 돕기 위한 수업 방법과 내용을 공동으로 연구하였다.

사회과에서는 무상급식이 되기까지 엄마, 아빠가 들려주는 도시락에 얽힌 에피소드부터 급식을 둘러싼 보편적 복지의 확대와 시민단체의 성장 등 다양한 이야기를 통해 민주주의의 발달과정을 가르치고자 하였다. 부모님이나 조부모님, 또는 친밀한 사이의 친척들로부터 학교 다닐 때 있었던 점심시간의 에피소드를 듣고 이를 정리하여 이야기 형식으로 발표하면서 학교급식이 무상으로 되기까지의 정치적 변화와 과정을 통해 시민의식과 보편적 복지에 대한 확대 과정을 이해하게 되었다.

부모님이 들려준 다양한 도시락에 얽힌 이야기를 들으며 1960~1980년대 걸쳐 태어난 부모님의 연령에 따라, 도시, 농촌, 어촌, 산촌 등 지역에 따라, 부모님의 가정형편에 따라 다양한 생활 모습을 가늠할 수 있었다. 부모님이 학교 다닐 적 어려웠던 옛이야기를 통해 서로 소통하고 추억을 소환하여 공감하는 시간을 통해 누구나 느꼈을 도시락을 둘러싼 희로애락의 감성을 들여다보는 시간이 되었다.

수업 활동 중 학생들은 개인 도시락이 왜 학교단체급식으로 바뀌었을까?, 학교급식을 둘러싼 여러 가지 문제는 무엇일까?, 무상급식 논쟁과 변화가 우리 사회에 가져온 것은 무엇일까?, 경기도학교급식에 관한 조례 찾아보기, 우리 학교에서 급식과 관련된 일(진로탐색)을 하는 사람들의 인터뷰하기, 우리

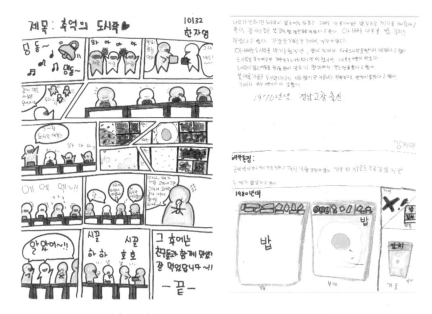

만화로 표현한 엄마의 도시락(왼쪽)과 엄마가 원하던 도시락은?

농산물(지역푸드)과 학교급식의 관계, 우리 지역경제에 미치는 영향, 우리(학생)는 학교급식에 얼마나 참여하고 있을까?, 참여방법 찾기, 생활박물관 또는 민속박물관에서 만난 도시락 풍경 등의 질문과 과제에 관심을 가지고 참여하였다.

수업을 통해 학생들은 부모님의 어릴 적 이야기를 들으며 당시의 어려웠던 환경에서도 힘차게 성장한 부모님의 모습을 그릴 수 있었고, 우리나라의 경제가 정말 빠르게 발전했다는 것을 도시락과 무상급식이라는 두 가지의 이야기 속에서 찾을 수 있었다. 무상급식이 이루어지기까지 사회적인 논쟁이 되었다는 것도 학생들은 비로소 알게 되었다.

이 수업을 진행한 선생님은 교사, 학생, 학부모가 공유하는 수업을 전개했다는 점에서 의미가 있었고 누구나 관심 있고 생활환경 주변에서 일어나는 일에 대하여 진지하게 참여하는 학습이 되어 가르침의 의미를 발견할 수 있었다고 하였다.

미술과에서는 모둠별로 급식 관련 문화와 음식을 찾아보고 다른 나라의 급식에 대해서도 조사하였으며, 자신이 바라는 급식 모형을 만들어 발표하고 이를 전시하였다. 이 과정을 통해 세계인의 급식문화에 대해 알게 되었고, 천사점토, 레진 같은 색다른 재료를 사용하여 모형 만들기를 경험하게 되었다. 음식 관련 직업 찾기, 급식문화 찾아보기, 음식 모형 만들기 순서로 수업을 진행하였다.

1~2차시에는 음식과 관련된 직업을 찾아 학습지를 작성하고, 푸드스타일리스트 동영상과 다른 나라의 급식을 감상하였다. 그리고 모둠을 나누어 모둠별로 선택한 지역의 음식 또는 급식을 찾고 메뉴 선정 계획서를 작성하였다.

3~6차시에는 천사점토를 주재료로 음식모형을 만들고 모둠별 선정된 음악에 가사를 붙여 보았다(모둠별로 선정된 의미 있는 경험이 녹아 있는 기존의 가사를 개사하거나 창작).

7~8차시에는 모둠별 작품 감상 및 발표, 평가하였고 음식모형제작사라는 직업탐색을 통해 다양한 직업을 알게 되었다. 음식 모형 만들기에 대한 학생들의 소감을 살펴보면 급식이나 음식에 대한 새로운 깨달음을 얻는 수업이었음을 알 수 있었다.

"제비뽑기를 했을 때 솔직히 아프리카를 보고 당황했습니다. 아프리카 음식이라고 하면 풀, 약간의 탄수화물로 이루어진 간소한 음식이라고 생각했기 때문에 걱정과 근심을 안고 활동을 시작했습니다. 하지만 조사하다 보니 채소만 가득할 줄 알았던 아프리카의 밥상에도 다양한 전통음식이 있고 채소, 과일, 향신료가 있다는 것을 알게 되었습니다. 이번 수업을 통해 많은 것을 알아 보람찼습니다."

"새우튀김은 바삭한 식감과 새우의 부드러운 맛을 느낄 수 있다. 카레는 여러 재

음식모형 만들기

료와 카레의 맛을 같이 느낄 수 있다. 샐러드는 채소의 아삭한 식감과 달콤한 소
스를 느낄 수 있고, 바게트(빵)는 빵 특유의 바삭함을 느낄 수 있다. 음식 모형을
만들면서 일본 음식의 특징과 음식들을 더 알 수 있게 되었다. 음식 모형을 실제
와 같이 만들기 위해 여러 기법과 재료가 사용될 수 있다는 것과 팀플레이의 소중
함을 다시 한번 느낄 수 있었다. 그리고 음식에는 여러 모형이 있다는 것도 알게
되었다. 전체적으로 재미있고 완성했을 때 아주 뿌듯했다."

음악과에서는 급식 잔반을 줄이는 방법을 토론하면서 개사를 통해 환경 캠
페인송을 만들어 함께 불러보았다. 학생들은 급식 프로젝트를 하면서 느낀
점, 알게된 점을 가사 속에 재치있게 녹여 내었고, 운율과 박자에 맞게 적절
한 단어를 선택하는 고민을 통해 광고음악이 지니는 공익적 가치에 대해서
도 이해하게 되었다. 만든 노래를 교실이나 복도에 부착하여 지나다니는 학
생들이 관심을 가지고 들여다보았는데, 녹음하여 점심시간마다 틀어 주면
더욱 좋았을 거라고 생각한다.

지구송

급식을 먹고 잔반 남기면 우리의 지구가 아파요.

우리와 함께 잔반 줄이면 지구가 아파하지 않죠.

그렇게 우리 지구 지켜요.

다같이 지켜내요, 우리 지구를~

잔반 금지송

맛있는 급식 잔반은 금지 잔반을 남기면 안돼요.

욕심도 금지 적당히 받기 행복한 급식을 먹어요.

맛있게 먹고 남기지 않고 모두가 행복해지는 런치타임.

국어과에서는 전 교과에서 진행한 주제통합수업을 기사문으로 작성하여 신문을 만들어 배운 내용을 정리하였다. 한 학생은 다음과 같은 소감문을 작성하였다.

"도덕 시간에 급식프로젝트 UCC, 스톱모션을 제작하였다. 제작과정은 계획-촬영-편집-발표-평가로 진행되었다. 일단 스토리를 짜고 촬영 순서를 정해 촬영하고 편집하였다. (중략) 도덕 선생님께서는 처음 봤을 때 엉망이었다고 하였고, 아이들은 힘들었지만 뿌듯하다고 하였다. (중략) 이런 프로젝트수업을 통해 급식 예절에 관심을 가지게 되었고 편집기술도 늘어 자신감이 생겼다."

학생들은 전 과목이 급식을 주제로 프로젝트수업을 해서 재미를 느꼈고 문제의식을 지니게 되었다면서도 협력을 하지 않으면 모둠활동이 어려울 수도 있었겠다고 하였다.

동영상 프로젝트 계획서(모둠활동지)

프로젝트수업 평가지

과학과에서는 모둠별로 준비해 온 우리 주변의 음식물(과자, 음료수, 우리 학교 식단 등) 속 영양소에 대해 조사하여 발표하였으며 나중에 배울 각각의 영양소 검출방법에 대해 실험 영상을 이용하여 소개하였다. 3학년의 경우 연계 자유학기제 활동으로 학교 급식과 관련하여 수업을 진행하였다. 급식 가격에 대한 급식의 질, 영양, 칼로리, 식재료의 원산지, 유전자 조합 식품 등 다양한 부분에 대해 고찰해보았다.

그밖에도 도덕과에서 학교급식에 대한 캠페인 활동을 전개하고 이를 동영상으로 찍었다. 또 기술가정과에서 학급별 1주일 분량의 '우리가 제안하는 급식 식단'을 만들어 영양사 선생님께 제출하고 급식실에서는 이를 반영하여 열흘 동안 1학년 10개 학급에서 제안한 급식 메뉴대로 급식이 제공되었다. 물론 넘치거나 부족한 부분은 영양사 선생님의 지도로 수정되기도 했으나 학생들은 자신들이 제안한 급식이 제공된다는 사실에 참여자로서 효능감을 얻었다. 특히 1학년에서는 전 교과가 참가하였고 2, 3학년에서도 뜻을 같이하는 교사들이 연계 자유학기 과정으로 참여하여 여럿이 함께 집단지성을 발휘하고 공감대를 형성하였다.

환경과 관련하여 국어과와 기술가정과에서 교과연계 수업을 하였다. 독서와 실습, 체험을 연계한 지속가능한 환경수업이 되기를 바랐다. "섬유와 옷감의 지식시장"을 주제로 국어과에서는 『옷장에서 나온 인문학』(이민정), 『예쁜 옷 리폼』(다카하시 에미코) 책을 선정하여 의복 관련 지식을 얻고 우리의 삶에 얽힌 문제들을 진지하게 성찰하며 풀어나가는 독서활동을 하였다. 싸게 사고 빠르게 버리는 의복 구매 현실에 대한 비판을 비롯하여 옷에 몸을 맞추려고 다이어트에 집착하는 문화, 명품 선호현상, 버려지는 옷의 처분까지 옷과 관련된 사회문화적 병폐나 개선점에 대해 토론하는 시간을 가졌다. 옷장 안에 옷이 가득한데도 입을 옷이 없다고 하소연하는 이유를 생각해 보며 옷을 입는 이유, 바람직한 옷 구매와 관리에 대해서도 의견을 나누었다.

기술가정 수업시간에는 잘 입지 않는 옷을 가져와서 리폼하는 활동을 통해 업사이클링을 이해하고 실생활에 적용하도록 수업을 진행하였다. 입지 않는 청바지를 활용하여 필통이나 가방을 만들어 보는 활동에 흥미를 가지고 참여하였다. 자신만의 개성이 담긴 제품을 생산하는 즐거움을 느끼면서도 별생각 없이 버리던 옷들을 재활용하여 환경 보호를 실천하고, 옷을 구입할 때도 신중하게 행동할 수 있게 되었다고 하였다.

특히 기술가정 시간에 실시한 지식시장 수업은 학생들이 주체가 되어 스스로 조사 활동을 한 후 다른 학생들에게 가르쳐 주는 방법이다. '지식시장 small 프로젝트' 수업은 각 모둠에서 서로 협력하여 공부한 내용을 소그룹의

독서활동 이후 섬유지식시장 운영

옷 리폼 활동

학생들에게 여러 번 반복하여 가르친다. 즉, 학생의 일부가 교사가 되어 수업하고 나머지는 학생 입장에서 학습하게 된다. 수업을 준비하는 과정에서 학생들은 서로 협력하는 방법을 배우게 되며, 교사의 입장이 되어 수업함으로써 확실하게 내용을 인지하게 된다.

수업을 관찰하고 수업 나눔을 할 때 교사들로부터 다양한 이야기가 나왔다.

<섬유와 옷감의 지식시장 수업 흐름도>

1. 모둠이 맡은 주제에 대해 모둠원이 교과서 내용을 분석하고 자신이 교사라고 생각하고 수업 내용을 선정한다. 미리 배부한 학습지에 내용을 정리한다.

2. 각자 공부한 내용을 가지고 모둠 안에서 토의하고 필요한 부분은 검색하여 추가한다.

3. 협의된 내용을 기반으로 발표 자료를 제작하고 발표 연습을 하며, 퀴즈를 3개 만들어 수업 준비를 한다. 필요한 자료는 집에서 가져오도록 한다. (예, 관련 섬유 옷, 손수건, 스카프, 가방 등)

4. 모둠별로 2명이 교사 역할을 하여 본인 모둠에 남고, 나머지는 학생 입장이 돼 정해진 순서(자기 모둠 +1) 및 시간(5분)에 따라 다른 모둠을 순차적으로 돌며 수업을 받는다. 수업을 받은 사람은 다른 모둠원에서 산 지식을 정리하고, 지식 가격을 책정하여 학습지에 표시한다. 수업을 한 사람은 수업을 들은 사람에게 수업 참여 정도에 따라 1~5개의 스탬프를 찍어 주며, 퀴즈를 푼 개수를 표시해 준다.

5. 4의 과정이 끝나면 역할을 바꾸어 똑같이 수업을 진행한다.

6. 전체적으로 형성평가를 보며, 수업 내용을 정리한다. 수업이 끝나면 자기 성찰 및 소감 나누기를 한다.

"복잡하고 어려워 보이는 섬유와 옷감에 대하여 전문가가 된 학생들이 다른 친구들에게 상품을 판매하려는 의지가 높았다."

"적극적으로 참여하여 지식시장에 기여하고 다른 상품에 대해서 경청하고 질문에 답을 잘 해야 높은 가격에 판매가 가능하다는 전략을 써서 집중도를 높였다."

"4~5시간의 프로젝트수업으로 장시간의 노력이 필요하고 학생들이 학습하는 시간을 기다려야 하는 인내가 필요하다. 교사의 노력이 필요하다."

"아이들이 참여 의욕이 높아서 에너지가 넘치는 활기찬 수업이 되는 모습에 감동받았다. 다른 교과에도 이러한 수업 모형을 도입해서 써 보아야겠다는 생각에 아이디어를 빌리고 싶다."

요즘 버려지는 옷들로 인해 환경문제가 심각해지고, 아동 인권문제로까지 연결되기에 옷을 재활용하는 리폼 활동은 더 확대되어야 한다. 지식시장으로 알게 된 점을 삶의 실천으로 옮기는 것까지 지속가능한 환경교육이라고 생각한다. 하지만, 교사 개인의 일회적 실천에 그치지 않고 방과후활동이나 전문적학습공동체를 통해 사례 나눔과 공동 실천의 학교 문화가 형성되는 것이 절실하다.

나의 수업(혹은 내 수업 활동)과 SDGs 17개 목표 매칭하기

	수업에서 교사가 의도하고 수업에서 학생들이 깨달은 SDGs
1. 지속가능한 인권교육 -인구교육시범학교 -생명존중교육	③ 건강하고 행복한 삶 보장 ⑤ 성평등 보장 ⑯ 평화 정의 포용
2. 지속가능한 환경교육 -급식프로젝트 -지식시장	② 식량안보 및 지속가능한 농업강화 ③ 건강하고 행복한 삶 보장 ⑫ 지속가능한 생산과 소비

SDGs와 우리의 삶은 하나다

— 염경미 (관산중학교 교사)

"SDGs가 뭐야?"

당신의 삶은 어떻게 SDGs를 추구하게 되었는지, 어떤 계기가 있었느냐고, 또 학교 현장에서는 어떤 방식으로 이를 접목하는지를 묻는다면 나는 이렇게 대답할 것이다. "아마도 지각 있는 많은 교사가 알게 모르게 SDGs를 향해 교육 현장에서 열심히 하고 있을 것이다. 다만 SDGs가 무엇인지를 모르고 지낼 뿐이다. 그만큼 SDGs는 인류가 추구하는 보편적 가치이다"라고 말이다.

SDGs라고 하면 대부분의 사람이 "그게 뭐예요?"라고 되묻는다. 그만큼 아직 홍보되지 않은 부분이 있다. 그래서 나는 이번에 아예 학교 1층 출입구 통로 벽면에 SDGs에 대한 대형 교육 홍보판 두 개를 만들어 게시하였다. 2015년, 유엔에서 국제사회가 함께 결의한 내용이지만, 그 구체적 내용 17개의 가치와 지향을 모르는 교직원과 학생을 위한 특별한 조치이다. 대개 '지속가능발전목표'라고 하면 생태와 환경을 떠올리는 경우가 많다. 물론 지속가능발전을 위해서는 지구환경을 살리는 일이 시급하다.

그러나 그것만이 전부는 아니다. 지구의 물리적인 환경뿐만 아니라 그 속에 살고 있는 인류의 삶의 질이 중요하기 때문이다. 따라서 SDGs의 17개 목

학교 게시판 SDGs

표 중에서 어느 것 하나 소홀히 할 수 없다.

SDGs와 성평등

처음엔 나도 SDGs를 유엔에서 합의한 그해에 바로 알지 못하고 수년이 흐른 뒤에 알게 되었다. 핑계를 대자면 '무슨 일이 일어날지 모르는 학교 현장에서 한 치의 여유도 없이 다이나믹한 긴장의 연속으로 하루를 보내다 보면 마치 학교가 내가 사는 세상의 전부가 된 느낌이다. 바깥세상에서 무슨 일이 일어나는지, 인류가 함께 합의한 목표가 무엇인지를 돌아보지 못하고 달려왔기 때문'이라고 하는 수밖에 달리 할 말을 찾지 못한다. 그러나 SDGs가 무엇인지를 알든 모르든 간에 나는 페미니즘 교육이 반드시 이루어져야 한다는 신념을 가지고 있었다. 그것은 지독한 가부장제 사회문화가 가져온 폐해가 어느 사회를 막론하고 인류의 진보를 가로막고 있다고 생각하기 때문이다.

페미니즘 학습을 시작한 것은 25년이 되었고 그것은 동료들과 같이 공동 학습으로 시작했다. 그만큼 남녀 불평등을 경험한 세대로서 알고자 하는 자기 학습 욕구가 강했다. 함께하는 공부는 어렴풋이 아는 것을 더 확실하게 알게 하였고, 아는 것을 실천하는 힘을 길러 주었다. 나아가 함께 공부하는 동료는 서로에게 거울이 되어 발전하였다. 우리에게 매주 목요일은 공부하고 연찬하며 토론하는 날이었다. 우리의 일상이나 직장 문화는 남성 중심 사회였고 심지어 교과서나 학교가 그러한 가부장제를 재생산하는 기능을 수행하고 있었다. 당시에 페미니즘은 우리나라에서 여성학이라 불리었고 1990년대 대학에서는 교양선택 과목으로 선풍적인 인기를 모으며 회자되었다. 그러나 사회 전반에 가득한 가부장적 질서는 쉽게 사라지지 않았다.

그때나 지금이나 내가 한 일 중에서 가장 으뜸이 되고 자랑스러운 일은 바로 학습공동체인 '여신모'와 '파랑새 정원'을 꾸린 일이라고 할 수 있다. 나에게는 25년이라는 세월을 함께 보낸 '여신모(여신들의 모임)' 동지들이 있다. '여신모'는 매주 목요일마다 토론과 독서, 학교의 각종 현안 문제, 가장 개인적인 어려움마저 함께 나누던 학교 밖 학습공동체다. 단순한 수다 모임을 넘어 학습공동체이기 때문에 철학을 공유한다. 그만큼 함께 학습한다는 것은 의미가 크다. 앎이 실천으로 이어지고 실천은 나를 비롯한 사람들의 삶에 큰 영향을 미치기 때문이다. 페미니즘 연구의 첫발이 된 여신모 동지들은 수년간 함께 공부하며 미혼의 당신들은 혹 결혼도 하고 육아도 하고, 기혼인

당신은 혹 이혼도 하고 졸혼도 하는 등 인생사 이런저런 곡절을 겪었으나, 당신의 행복과 희망을 찾아가는 파랑새가 되기를 주저하지 않았다. 아픔도 이별도 내 것으로 받아안고 치열하게 살 수 있었던 힘은 바로 함께 공부한 여신모의 지지와 응원이 있었기에 가능했다.

지금도 페미니즘 학습은 계속하고 있다. 안산지역을 중심으로 2022년에 이어서 계속되는 학습모임은 우리가 스스로 이름하기를 '파랑새 정원'이라 하였다. 그것도 결성된 지 1년 만의 일이다. 그동안은 그저 모임의 성격 그대로를 드러내는 '안산 페미니즘 독서 모임'이었다. 그러다 우리는 공식적인 학교 밖 교사학습공동체로 전환하면서 '파랑새 정원'이라고 부르기로 하였다. 희망의 상징인 '파랑새'들이 찾아와 노는 정원에는 꽃과 나비, 수풀이 우거진다. 여기 모인 구성원 모두는 페미니즘의 파랑새가 되어 함께 새로운 세상을 꿈꾸고 있다.

SDGs와 성평등 수업 실천

교사의 학습과 연구는 어떠한 형태로든 학생들에게 전달되기 마련이다. 그래서 혁신교육운동 과정에서 그토록 중요하게 생각한 부분이 바로 전문적교사학습공동체이다. 이중에서 성평등을 보자. 성평등한 세상을 구축하는 일은 인류의 보편적 가치가 되었다. 가부장적 사회 질서, 남성 중심의 사회 제도가 모든 남성의 권력을 의미하지는 않는다. 남성 중에서도 권력에 접근하기 어려운 남성은 무거운 굴레만 쓸 뿐이라는 사실을 직시해야 한다. 페미니즘 학습을 하고 페미니스트로 살고자 노력하면서 성평등 교육*은 주요 화두가 되었다. 학교 교육과정 속에서 실천해야 할 몫이기도 하다. 나는

---

* 『선생님, 페미니즘이 뭐예요?』, 염경미, 살림터(2019).

사회 교과를 가르친다. 그러기 때문에 교과 속에서 광범위한 주제로 '민주시민교육'을 하기에 적합하다. 교과와 연계하여 실천하기도 쉽다. 또 다른 교과 선생님들과 연계하여 교과융합수업을 진행하기도 하고 학교 밖 교사학습공동체 소속 교사들이 각자 근무하는 학교에서 실천한 수업 사례를 공유하면서 서로 배우기를 마다하지 않았다.

성차별은 어제오늘의 일이 아니다. 따라서 성차별은 여러 교과서에서 사회 불평등 문제, 차별과 인권 문제와 관련하여 등장하는 낱말이기도 하다. 사회시간에 자연스럽게 '사회적 쟁점을 교실에서도 논쟁하라'는 원칙에 따라 토론하고 이슈가 된 부분을 사실 확인하고 타인의 의견을 들으며 자기 생각을 수정하기도 하였다. 또 사회적 계기 교육으로 '3·8 세계여성의 날', '11월 여성폭력추방 주간', '10월 학생 인권의 날 기념 교육'을 진행할 수 있었다. 또 학생토론동아리 활동 중 '성차별, 여성 인권, 여성에 대한 폭력' 등은 토론의 주요 주제가 되었다. 그동안 페미니즘 교육을 하면 성평등한 세상이 가져올 미래를 그리며 학생들도 별다른 반감을 드러내거나 항의를 하는 일은 없었다.

그러나 2016년 강남역 화장실에서 일어난 여성살해사건을 시작으로 여성을 상대로 하는 위험사회가 수면으로 떠올랐다. 여성의 생명과 안전이 위협받는 사회라는 사실을 누구나 알게 되었다. 2017년, 미국 헐리우드 영화계의 유명한 여성 배우들이 20년~30년 전에 당한 성폭력 피해 사실을 폭로하면서 가해 남성을 고발하기 시작했다. 그러자 2018년, 우리나라에서도 서지현 검사를 시작으로 법조계 뿐만 아니라 정치, 연극, 영화, 문학, 대학, 스포츠 등 각계각층의 내노라하는 남성 인사들의 성폭력 범죄가 드러났다. 그동안 침묵을 강요당했던 성폭력 피해자들의 미투운동이 들불처럼 번져 나갔다. 그러자 이에 대한 반동이 여성과 남성을 갈라치며 이분법적인 대결 구도를 만들었다. 성 평등 말만 들어도 '남성을 잠재적 성범죄자'로 몰아간다는 주장을 하며 반발하는 10대 남학생들이 생기기 시작하였다. 일반적 사건은 얼마든지 객관적으로 보는 그들이 유독 성과 관련해서는 무조건 남성의 편을 들면서 자신을 성범죄자와 동일시 하는지 알 수 없는 부분이다.

우리는 필요한 지식을 학교에서만 배우는 것은 아니다. 각자는 빠르게 변하는 사회에서 주도적인 학습을 해야 하는 시대를 산다. 그것의 유력한 조달자 역할을 하는 것은 인터넷 세상이다. 잠시도 떨어지면 안 될 것 같은 휴대폰이 그것이다. 어디에서나 남녀노소를 불문하고 그것을 들여다보는 사람들로 가득하다. 그들은 각자의 틀에 갇힌 채, 보고 싶은 것만 본다. 듣고 싶은 것만 듣는다. 조금 불리하거나 불편하다 싶으면 외면하기 일쑤다. 그러다 보니 이런저런 의견이 난무한다. 더 자극적이고 더 저질스러운 댓글이 따른다. 이러한 것에 오염된 학생들은 이미 자기 생각을 수정하거나 타인의 의견을 수용할 생각은 없다. 어떻게 안전한 사회를 만들 것인가? 누구나 안전하고 행복하려면 우리 시민들이 어떻게 행동해야 할 것인가? 성범죄로 인한 피해자를 구제하고 지원할 방법은 무엇일까? 여성을 성적 대상으로만 여기고 이를 돈벌이에 이용하여 불법촬영, 유포로 이용하는 자들을 어떻게 처벌할 것인지를 고민하지 않는다. 오히려 그들은 공격한다.

성평등 교육을 진행하면서 소위 '역차별이다, 여성우위를 주장한다'는 등의 민원*에 시달리기도 하여 심리적으로 위축되는 고통의 시간도 있었다. 성평등 교육도 한 명의 교사가 아무리 열심히 해도 소수 몇 명의 학생이 공격하기 시작하면 난감하다. 성평등 관련 이야기도 모든 교과에서 같이 한다면 공격하기도 어렵고 다시 생각해 볼 여지가 많을 것이다. 즉 '성평등한 세상

---

* 2018년, 사회시간에 성차별 부분에 맞서 소수의 학생들이 역차별을 주장하며 민원 제기.

만들기, 인권, 평화, 정의, 인간다운 삶, 생태-환경, 민주주의'와 같은 내용은 인류의 보편적 가치이기 때문에 어떤 교과를 막론하고 같이 진행한다면 그 파급력이나 확산력은 커질 것이다. 그러나 공격받기 쉬운 주제는 교사들이 접근하기를 꺼린다. 소위 논쟁의 소용돌이로 빠질 수 있는 페미니즘이나 통일 부분이 그것이다. 반대 세력에 의해 공격받거나 민원이 제기될 수 있어서 미리 엄격한 자기 검열을 하기 때문이다. 이처럼 교사가 위축되는 이유는 수업의도나 맥락은 보지 않은 채, SNS나 언론을 통해 왜곡하여 공격받는 현실을 많이 보았기 때문이다.

SDGs와 삶의 질

지구가 생태-환경적으로 지속가능한 세상이 되더라도 그 속에 살고 있는 사람들이 굶주리거나 교육받을 기회가 없거나 전쟁으로 생사를 오간다거나 일자리가 없거나 성평등하지 못한 차별사회라면 살만한 세상이라고 할 수 없다. 전 세계적으로 본다면 여전히 전쟁 중인 지역이 곳곳에 있다. 그곳이 어디든 우리는 연결되어 있고 순환하며 영향을 받을 수밖에 없다. 예를 들어 우크라이나, 미얀마에서 전쟁이 일어나자, 내가 다니는 관산중학교에는 작년부터 갑자기 그곳에서 한국으로 입국한 학생들이 대여섯 명이나 된다. 생존하기 위해 목숨을 걸고 빠져나온 이들이다. 그러나 세계 어느 나라나 지역에서든 전쟁 난민을 반가워하지도 않고 난민 지위를 쉽게 얻지도 못한다. 그저 머물고 있을 뿐이다. 돌아보면 우리나라도 오랜 기간 난민을 배출하였다. 조선 후기 1865년부터 기아와 수탈에 허덕이던 농민들이 러시아, 중국의 척박한 지역으로 이주하여 땅을 가꾸었다. 또 하와이로 농업 이민을 감행한 사람들은 사탕수수밭에서 노예처럼 혹사당했다. 일제 식민지로 전락하자 독립운동가들은 모조리 잡아 감옥에 보내는 일본의 압박을 피하여 연해주, 상하이, 만주로 떠났다. 일반 농민들도 일본의 수탈과 징용, 징병이 무서워 조국을 떠날 수밖에 없었다. 그들이 바로 나라를 지키지 못하여 생긴 식민지 난민이었다. 해방 이후 수많은 난민이 조국의 해방을 기뻐하며 돌아왔다. 그것도 잠시 6·25전쟁이 3년 동안 이어졌다. 전쟁은 수많은 죽음을 가져오고 고아와 과부를 만들었다. 고아들을 해외로 수출하는 오명이 그때부터 지금껏 이어진다. 그런 역사적 경험을 가진 우리나라에서조차 전쟁 난민을 맞이할 준비가 되지 않았다. '글로벌 사회다, 다문화 사회다'라고 말로는 외치지만 신자유주의 경제가 세계를 집어삼키고 있다. 그 와중에 자국민 위주의 이익을 준다는 정치 논리가 언제나 승리하면서 함께 사는 세상은 구호에 불과하다. 전쟁은 가장 극심한 인권 침해다. 전쟁이 누구에게 이익을 주는지를 생각해야 할 것이다. 그래서 평화를 구축하는 일은 시민들이 담당해야 할 또 다른 과제다. 정치나 경제 논리의 허구성에 의해 전쟁이 일어나지 않도록 하는 힘은 결국 평화를 구축하려는 시민들의 단결에 있다. 이런 내용은 모든 교사가 교과와 연계하여 수업을 전개하는 교과융합수업이 이루어져야 학생들에게 다가갈 수 있다.

그나마 우리나라가 코로나 이후 수출-입 세계 10위권 안에 들면서 경제성장을 하자 국제사회에서는 그에 걸맞은 역할을 요구한다. 유엔에서 제시한 17개 지속가능발전목표가 모두 연결되어 있고 그것은 연쇄적으로 작동한다. 무너지는 일은 마치 도미노처럼 이어져 있다. 그러나 하나의 성장은 다른 여러 분야에 선한 영향을 주기 때문에 함께 성장하고 일어선다. 그런 의미에서 내가 실천한 교육과정 연계 사례를 소개하고자 한다. 혼자서는 누구나 잘 할 수 있는 것이 수업이다. 그러나 동료와 같이 계획하고 연구하며 실행하는 일은 쉬운 일이 아니다. 그래서 올해 실천한 교과융합수업 사례를 나누고자 한다.

동료들과 함께 '생생공존' 교과융합수업하기

그나마 동료와 함께 교과융합수업하기 좋은 주제는 보편타당하여 누구도 반론하기 어려운 부분이다. 환경-생태 문제가 바로 그것이다. 혼자 열 걸음 앞서가기보다 여럿이 한 걸음씩 같이 가면서 지속가능발전목표에 접근하기가 나의 목표이다. 나는 이 과정에서 교과융합수업을 진행할 수 있도록 계획, 공동 연구, 공동실천으로서 '수업 대내외 공개-함께 수업비평-다시 피드백'을 받아 새롭게 일어서기 과정을 돕는 역할이다. 즉 전문학습공동체는 수업혁신의 시작이자 전제 조건이기도 하다. 교육의 변화를 전문학습공동체의 성공 여부에서 찾을 수 있을 만큼 '동료와 함께하기'는 중요하다.

기후변화와 위기에 대응하고 지구를 살리기 위한 노력이 전 세계적으로 목소리를 높이고 있다. 유난히 일찍 찾아온 무더위가 그것을 증명하듯 우리가 살고 있는 지구는 끓고 있다. 이에 우리 학교 '생생공존' 전문학습공동체(팀장 염경미)에서는 '환경과 생태'를 주제로 공동연구, 공동실천으로 외부 수업공개를 진행하기로 했다. 정보-음악-미술의 '환경 퍼레이드'를 하기로 합의를 하고, '생생공존' 팀의 다섯 교사는 거듭 수업에 대한 아이디어를 주고받으며 중복되는 부분은 덜어내고, 해야 할 부분은 첨가하는 과정을 여러차례 거쳤다. 그 과정에서 SDGs 17개의 지속가능발전목표를 자세히 들여다보며 학습하는 시간도 가졌다. 그중에서 모든 교과에서 가장 쉽게 접근할수 있는 환경-생태 영역을 연구하고 실천하기로 결정하였다.

수업공개에 나선 선생님은 전문학습공동체 '생생공존' 팀의 세 분이다. 신규 발령을 받은 정보과 김예지 선생님, 음악과의 반예은 선생님, 미술과 신경아 선생님이다. 김예지, 반예은 선생님은 MZ세대의 젊은 피로 최신 정보-통신-인터넷을 활용한 수업으로 각광을 받을 것이라는 기대가 있었다. 한편 신경아 선생님은 미술수업에서 한국어를 못하더라도 수업을 할 수 있도록

◀생물의 다양성을 감소시키는 원인을 찾아 설명함.

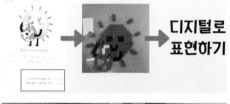

◀픽셀을 이용하여 환경 캐릭터나 마크를 그림.

◀메타버스를 이용해 다른 학급 전시관에 들어감.

동영상을 미리 찍어서 수업 시간에 보여주었다. '국경 없는 미술실' 유튜브를 운영하기도 한다. 그의 미술수업은 유튜브를 통해서 언제든지 볼 수 있다.

1교시 정보 시간에는 '환경 캐릭터 or 마크를 만들고 디지털로 표현하기'라는 주제로 환경보호를 이해하고 자신이 생각하는 환경에 대한 이미지를 캐릭터와 마크로 표현한 후 컴퓨터에 만들어 보면서 손으로 그릴 때와 컴퓨터가 그림을 저장할 때는 어떻게 저장되는지에 대해 이해할 수 있도록 수업을 전개하였다. 나아가 이를 zep(메타버스)을 활용하여 학생들이 서로의 작품을 가상세계에서 관람할 수 있도록 하면서 컴퓨터 안의 세계에서도 많은 것들을 할 수 있음을 이해하도록 하였다.

한편 필수 개념의 단어는 ppt, 학습지에도 러시아어나 중국어로 번역하여 제공하고, 교사가 먼저 시범을 보여주고 실습을 할 수 있도록 하여, 한국어

◀멸종위기 동물을 모둠 이름으로 정함.

◀참관 교사들이 음악 앱을 사용하는 학생활동을 봄.

◀학생들이 음을 만들어가기 위해 모둠별 회의를 함.

로 이해하지 못하는 학생들도 수업이 가능했다. 또 도움을 줄 수 있는 친구를 옆에 두어 짝 학습이 이루어질 수 있도록 하고 중간중간에 개별 지도를 통해 문제를 해결하는 모습을 볼 수 있었다.

2교시 음악 시간, 반예은 선생님은 모둠별로 정한 멸종위기 생물을 음악적으로 표현하는 활동을 구상했다. 다양한 악기의 음색과 특징을 활용하여 대상을 표현하는 과정에서 학생들은 실제로 악기를 활용하는 방법을 학습한다. 미리 과학 시간에 학습한 멸종위기종의 특징에 대해서도 보다 자세히 떠올리고 정보를 탐색하는 시간도 가졌다. 또 음악이 사회에 주는 영향에 대해 이해하고, 예술로서 음악의 특성을 통해 단순히 언어적으로만 전달했을 때보다 음악적으로 표현했을 때 학생들이 지구 환경 문제의 심각성에 대해 공감할 수 있도록 수업을 디자인하였다. 특히 마이클 잭슨이 수백만 명이 모인

축구장에서 세계의 어린이들과 같이 'heal the world'를 부르는 장면이 매우 인상적이었다.

한국어 능력이 부진한 학생을 위해 주제가 되는 주요 단어의 의미를 제시한 ppt, 학습지에 한국어, 중국어, 러시아어, 영어로 제공하는 친절함도 잊지 않았다. 또 한국어에 능숙한 학생이 어려움을 겪는 학생을 도와줄 수 있도록 모둠을 구성하여 수업을 소홀히 하지 않게 장치를 해두었다.

3교시 미술 시간이 되었다. 미술과에서는 작은 사람들을 입체로 만들어 환경 캠페인 퍼레이드를 하는 설치미술 활동을 구상했다. 멸종위기 생물의 특징을 모티브로 가져와 퍼레이드에 참여하는 사람들의 의상을 디자인해보면 어떨까? 캠페인 구호를 다국어 피켓(한국어, 중국어, 러시아어, 영어 등)으로 만들어 작은 사람들(학생들이 만든 입체 모형)이 들게 하면 이색적이고 멋진 퍼레이드가 될 것이라는 아이디어에서 장안했다. 학생들은 의상을 디자인하며 멸종위기 생물의 생김새와 특징을 좀 더 자세히 공부한다. 또 친구들의 작품을 감상하며 더 많은 멸종위기 생물의 이름을 알게 되고 생명의 공존에 대한 관심을 확장할 수 있게 될 것으로 기대된다.

이어 진행한 수업비평회에서 참관 교사들은 오늘 수업을 보고 그 소감을 밝혔다. 임혜광 글로벌센터 선생님은 "컴퓨터에서 디지털을 활용한 각종

2학년 장혜림 학생의 책표지   2학년 손수민 학생의 책표지   이름을 쓰지 않은 학생의 책표지

환경을 보호하여 '지구를 지키자'는 내용의 예쁜 글씨로 쓴 주장들

도서관에서 3월~4월 '환경과 생태' 관련 도서를 전시했다.

수업 기법을 보면서 감동을 크게 받았다. 학생들이 한 명도 빠지지 않고 수업에 참여하는 것을 보고 놀랐다. 정보, 음악, 미술 모두 정보기기를 활용하여 앞서가는 수업으로 배울 점이 많았다"고 밝혔다. 다문화 예비학교와 특별학급을 운영하는 남양중학교 김○옥 미래교육부장은 "한국어를 잘 알아듣지 못하는 학생이 많음에도 불구하고 이렇게 수업이 이루어지는 면이 말할 수 없는 감동을 주었다. 여기 관산중 선생님들의 남다른 노력이 돋보이고 이렇게 수업공개까지 해 주셔서 배우고 가는 바가 크다"며 고마움을 표현하였다.

국제혁신부장이자 '생생공존' 전문학습공동체 팀장인 나는 수업비평회를

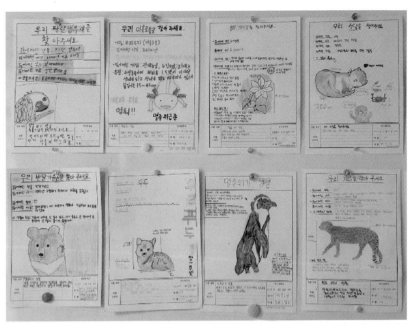

1학년 과학시간에 '환경과 생태' 수업을 하고 난 후, 학생들이 우리 생태계에서 사라져가는 동물이나 식물을 찾아서 표현했다.

주재하면서 "혁신 교육이든 미래 교육이든 핵심은 바로 교사의 철학을 반영한 수업혁신에서 시작됩니다. 우리는 더 좋은 수업을 위하여 서로 아이디어를 주고받으며 수업 전개 과정에 필요한 방법을 서로 도와주면서 교사의 성장을 지원하고 있습니다. 다문화 학생 비율이 높은 학교에서 어떻게 수업이 이루어지나 걱정이 많지만, 동료들의 도움으로 이를 극복할 뿐만 아니라 교사도 학생도 행복한 학교를 만들어가고 있습니다"라며 1차에 이어 2차 수업 공개를 한 소감을 밝혔다.

수업비평회에 참여하신 이기섭 교감 선생님은 "에듀테크를 활용한 우리 선생님들의 수업, 특히 환경을 주제로 하여 여러 교과에서 융합수업을 진행한 오늘의 모습이 너무나 자랑스럽습니다"라고 하시며 칭찬을 아끼지 않았다.

오늘의 교과융합수업이 있기까지 '생생공존' 팀의 남다른 연구와 상호 배움이 있었다. 먼저 3~4월에 남순이 사서 선생님이 환경 관련 도서를 전시하고 책 표지 만들기 교육을 실시하였다. '북스케치' 학생동아리를 운영하면서 아침독서 시간을 활용하여 책을 읽고 점심시간에 책 표지를 만들거나 캘리그라피로 환경 보존 실천을 적어 중앙현관 1층 오름 계단(학생교육활동작품)에 전시하고 있다.

이어서 1학년 과학을 맡은 이인숙 생활인권부장은 '생생공존' 팀은 아니지만, '환경과 생태'와 관련한 과학수업을 4차시 진행하여 학생들이 다른 교과에서 공부할 때 기본적 지식을 가지고 있도록 교과융합수업을 함께 진행했다. 즉 환경수업을 수 차시에 걸쳐 진행하고 멸종 위기종을 연구하기에 이른다. 이를 바탕으로 정보, 음악, 미술 교과의 융합수업을 진행했고 학기 초에 미리 외부 공개수업을 확정하였다.

수업과정에서 가장 어려운 점은 몇몇 학생들이 한국어를 알아듣지 못해 설명이 지체되는 점이었다. 개념 설명, 단어 설명을 더 쉽게 하기 위해 러시아어, 중국어, 영어 번역본까지 만들어 제시해야 했다. 그럼에도 불구하고 수업공개까지 할 수 있는 힘은 학생들이 선생님들의 그 노고를 안다는 듯한 자세와 의지 때문이다. 수업 교사는 "학생들이 열심히 참여하고 질문하고 서로 도와주는 모습에 감동이 밀려든다"고 말한다.

오전 세 시간은 수업공개를 하고 이어서 4교시에 수업비평회 시간을 가졌다. 이로써 본교의 1학기 동료 장학 수업공개 일정을 마무리하였다. 먼저 학교로 돌아가서 수업을 해야 하는 수업 참관 교사의 소감은 패들렛에 올리는 것으로 대신했다. 수업비평회 시간에는 질문 시간을 주로 가졌다. 공통점은 정보 시간에 픽셀 활용, 메타버스 전시관 이용, 작품의 저장과 활용 및 보관 방법 등 가상세계의 이용이 자유로운 점, 음악 시간에 사회문제와 음악의 연관성, 음악 앱을 활용하여 모둠의 멸종위기종이 내는 소리 만들기 등이 현대

사회의 정보기기를 이용한 첨단 교수-학습 방법이라고 할 수 있다. 이렇게 재미있고 활동적인 수업이 이루어지는 교실에서 학생들은 도저히 잠들 수 없다. 즐거운 교실에서 배움이 일어나고 있었다. 정보통신 매체의 적극적인 활용으로 10대 중학생들을 매료하는 수업이 돋보였다.

SDGs와 내가 실천한 교과융합수업 사례

동료들과 같이 여럿이 함께 진행하는 교과융합수업도 하루아침에 이루어지는 것은 아니다. 지난한 노력이 필요하다. 나를 포함하여 10년 전 세마중학교에서 1학년 수업을 진행하던 교사 10여 명이 '인권'을 주제로 교과융합수업을 했다. 특수교과까지 합류하여 장애인권에 대한 4회 8차시 수업을 같이하면서 남다른 동지애를 쌓았다. 진로, 상담, 국어, 수학, 기술가정, 사회, 영어, 특수까지 함께 민주시민교육으로서 인권교육을 다양하게 전개한 이야기는 경기도교육청에서도 가장 모범적인 사례*였다. 이어서 시곡중학교에 근무하면서 교과융합수업으로 '급식 이야기'**를 함께 나누었다. 먼저 내가 진행하는 사회 시간에 부모님 세대의 이야기, 오늘날의 학교급식이 무상으로 이루어지기까지 정치변화, 사회갈등, 법적 지원, 지역에서 생산한 친환경적 재료의 이용 등을 알아보았다. 음악시간에는 이를 노래로 만들고, 미술 시간에는 그림 작품으로 표현하였다. 국어, 사회, 미술, 기술가정, 도덕, 영어, 체육 등 1학년 전 교과가 같이 하면서 우리 사회의 발전 양상을 보았다. 급식으로 학교 점심이 평등해지기까지의 과정을 공부하며 누구나 평등한 밥상을 마주할 자격이 있다는 것, 우리 사회가 발전할수록 평등을 지향한다는 것, 더 나은 삶의 질을 추구한다는 것을 배웠다.

------

* 2014년 장애인권 우수수업사례 표창, 경기도교육감.

** 2017년 '급식 이야기' 교과융합수업 사례로 지속가능한 사회발전 만들기 모형 찾기.

또 '인권과 평화'를 주제로 전교생이 학생주도 프로젝트수업*을 전개하였다. 그중에서 장애, 성, 다문화, 피부색, 외모, 경제력, 국가 간 힘, 직업 등을 이유로 소외되고 배제되는 부분을 찾아서 그 해결책은 없는지 탐구하였다. 그 과정에서 함께 한 동료들은 지금도 가장 열심히 자기 변화의 고통을 기꺼이 감수하며 자기 발전을 위한 학습에 참여한다. 가장 어려운 점은 교사의 반격이다. 자신이 모르는 부분에 대하여 부끄러운 줄을 모른다. 알려고 하지 않으면서 오히려 그런 수업을 해야 하는지, 굳이 교과융합을 왜 하는지 모르겠다고 투덜거리는 것이다. 나아가 일부 언론의 댓글에서나 볼 수 있는 '역차별 논리'나 '악의 평범성'과 같은 소리를 한다. 어디에서나 흔히 볼 수 있는 선한 얼굴을 하고 적당히 일하며 동료들로부터도 적당히 존경받는 중견 교사가 '4·16 세월호 참사 애도 수업 기간**에 학생들이 만든 설치 미술 작품을 보면서 "언제까지 4·16 애도 수업을 해야 하느냐? 그만하면 되었다"면서 수업하는 동료 교사와 학생들에게 말하는 모습을 보고, 이것이 바로 한나 아렌트가 말한 '악의 평범성'이라는 생각을 지울 수가 없었다.

유대인 학살의 전범 재판에 선 아이히만은 두 아이의 아빠이자 평범한 가장이었다. 그런 그가 아우슈비츠에서 수많은 유대인 학살에 앞장선 사람이라는 진실 앞에서도 그는 "상부에서 시킨 일이라 집행했기 때문에 나는 죄가 없다"고 주장하였다. 다른 사람의 생명을 거두는 행위를 하면서도 양심의 가책도 없었다는 아이히만의 주장은 그 후 민주주의 사회로 진화하면서 독재 치하나 식민지 시대에 동료를 죽이거나 독립운동가를 색출하는 데에 나선 앞잡이들에게 면죄부를 주어서는 안된다는 증거가 되었다. 마찬가지로 '몰랐다'는 주장으로 면죄부를 받을 수 없다. 교사라면 모름지기 학습을 통해

---

* 2017~2021년 시곡중 교과융합수업사례.

** 2018년 416 교과융합수업과 설치미술 기간.

자기 혁신을 도모해야 하기 때문이다. 그런 당위성에도 불구하고 여전히 동료를 설득하는 일이 가장 힘들고 지난한 과정이다. 그렇기에 처음에는 이러한 과정과 학습에 동의하는 소수 동료와 같이 시작하는 일이다. 비록 둘, 또는 셋이라 할지라도 말이다. 그것이 바로 같은 주제로 한 목소리를 내는 '교과융합수업'의 지평을 여는 첫 걸음이기 때문이다.

나의 수업과 내가 추구한 SDGs 가치

학생들은 교사가 의도한 SDGs 가치 외에도 스스로 더 많은 가치를 찾아서 공부의 즐거움을 알아갔다. 조금 건드려 주기만 하여도 스스로 성장하는 학생들을 보면서 교사의 긍정적 자극이 얼마나 중요한지를 다시금 생각하게 한다. 그것이 바로 교사가 언제나 깨어있어야 할 이유이기도 하다.

수업 주제	내가 의도한 SDGs	+ 학생들이 발견한 SDGs
여성 인권, 성평등(페미니즘)	④ 양질의 교육 ⑤ 성평등 ⑩ 불평등 해소	④ 양질의 교육 ⑤ 성평등 ⑩ 불평등 해소 ⑧ 좋은 일자리와 경제성장
장애인권 교과 융합	③ 건강과 복지 ⑩ 불평등 해소	③ 건강과 복지 ⑩ 불평등 해소 ① 빈곤 종식
급식의 변천 교과융합	③ 건강과 복지 ⑨ 산업, 혁신과 인프라 ⑩ 불평등 해소	③ 건강과 복지 ⑨ 산업, 혁신과 인프라 ⑩ 불평등 해소 ⑫ 지속가능한 소비-생산
환경과 생태 교과융합	⑬ 기후변화 대응 ⑭ 해양생태계 ⑮ 육상 생태계 ⑰ 글로벌 파트너십	⑬ 기후변화 대응 ⑭ 해양생태계 ⑮ 육상 생태계 ⑰ 글로벌 파트너십 ⑥ 깨끗한 물과 위생

SDGs를 이뤄가는 미래 리더들을 위해

— 정성욱 (안산국제비즈니스고등학교 교사)

우리 학교! 우리 학생!

3년 전, 나는 안산미래교육협력지구 사업 중 하나인 "안산형 마을학교(현재의 안산미래학교)"를 학교 현장에서 학생들을 대상으로 운영했다. 코로나로 인해 잔뜩 움츠린 학생들에게 작은 범위에서라도 활동할 수 있게 해주고 싶은 마음이 컸다. 나는 지역사회와 연계할 수 있는 게 있지 않을까 고민하기 시작했다. 사람을 자유롭게 만날 수 없었고 학교 체험 활동마저 제한되었지만, '그래도 마을은 아이들의 간절한 바람을 받아주지 않을까?' 하는 희망이 있었다. 중·고등학교 시절 자유롭게 운동하고 활동하며 성장한 나 자신을 생각해 보면서 아이들의 답답함을 해소해주고 싶다는 간절함이 컸던 것 같다.

당시 눈앞에 가까이 있던 코로나도 문제였지만, 전 세계적으로 빠르게 닥쳐오고 있는 더 큰 문제가 있었다. 지구온난화로 날씨도 불안정하고, 맑은 하늘을 볼 수 있는 날도 많지 않았다. 어른 세대가 청소년기에 보던 맑은 하늘과 깨끗하고 시원한 공기를 우리 학생들은 누릴 수 없게 되었다. 마음이 급했던 나는 수업 중 틈틈이 시간을 내어 꾸준히 환경 문제를 강조하였다. 다행히 통합과학 교육과정 중 지구온난화와 신재생 에너지를 다루는 부분이 있었다. 학생들이 환경에 관심을 갖도록 내 어린 시절 환경적 풍족함을 흥미

있게 인용하여 현재와 비교해가며 설명하였다. 하지만 실제 그 풍요로움을 경험해 보지 못한 친구들이 심각성을 인지하기란 쉽지 않았다. 기후 변화에 따른 기상이변이나 미세먼지 심각의 상황에서도 "지금 이 순간만 잘 버텨내면 되는 것 아니겠어요?"라는 대답이 많았다. 인식의 변화가 시급하다고 생각했다.

지금껏 쌓아온 지식으로 인해 남들보다 이해도가 있다고 생각하는 과학교사로서 볼 때, 이상기후로 인해 인류는 막다른 길에 서 있다. 어떤 선택을 하든 매우 힘든 여정이 기다리고 있지만, 더 나은 삶을 위해 매우 중요한 선택이 필요한 시점이다. 학생들이 지구를 더 사랑하고 아끼는 방법을 가르치고, 실천하도록 함께 고민하며 지속가능한 발전을 위해 노력하는 것, 교사로서 내가 할 수 있는 일이 있다는 게 다행이라 생각한다.

나의 지속가능발전교육(ESD; Education for Sustainable Development) 활동을 소개하기 위해 내가 근무하는 우리 학교와 우리 학생들에 대한 소개가 필수적이라고 생각한다. 우리 학교는 경기도 안산시 수암동에 있으며, 약 50년의 역사와 전통을 자랑하는 상업계 고등학교이다. 수암산(취암산) 옆에 위치하여 안산, 안양, 시흥, 광명을 한눈에 볼 수 있는 우리 학교는 현재 9개의 학과를 가진 사립 특성화고등학교이다. 따라서 우리 학생들은 각각의 학과 특성을 고려하여 진학하였으며, 졸업 후 전문 직업에 취업하거나 진학하는 것을 목표로 하고 있다. 그래서 지속가능발전교육의 주제를 특성화고 학생들의 진로에 맞추어 ESG를 이해하고 기업가정신을 함양하는 수업을 진행할 수 있었다. 일반고 학생들보다 졸업 후 더 빠르게 직업인으로서의 역할을 맡아야 할 우리 학생들에게 반드시 필요한 교육이라고 생각했다.

국내외적으로 ESG는 기업뿐만 아니라 여러 기관에서 강조되고 있다. ESG는 구체적으로는 환경(Environment), 사회(Social), 지배구조(Governance)로 요약

할 수 있다. 환경 변화가 인간의 삶뿐만 아니라 생물종의 변화와 멸종에도 영향을 미치고 있다. 매출액이 기업 평가의 기준이 되었던 시기도 있었지만, 현재는 매출액만으로 기업을 판단하지 않는 추세이다. 기업 생태계를 보면 ESG를 무시할 경우 지속적인 발전을 기대하기 어렵다. 특히 RE100이나 탄소중립에 대한 세계적인 관심이 높아지면서 교육부도 '기후위기 극복과 탄소중립 실천을 위한 학교 기후환경 교육지원 방안'을 발표하고, 교육과정에서 생태전환교육을 강조하고 있다. 따라서 ESG교육이 특성화고 학생들에게 반드시 필요하며, 지속가능한목표(SDGs) 달성을 위한 지식뿐만 아니라 앎과 삶이 일치하는 교육과 활동 중심의 체험 활동이 우리 학생들에게 적합하다고 생각한다.

과학수업시간(12h) + 진로수업시간(3h)

특성화고등학교 학생들에게 과학 교과의 이미지는 사실 좋지 않다. 학기 초에 조사해보면 중학교 때부터 과학을 싫어하는 학생들이 대다수이다. 우리 학창 시절을 떠올렸을 때도 친구들 사이에서 과학 교과에 대한 호불호가 명확했다. 그래서 당시에는 "과학을 좋아하는가?"로 문과와 이과로 나뉘어 진로를 선택하기도 했다. 과학은 수치화된 데이터를 통계하여 그래프로 나타내거나, 공식을 대입하여 문제를 풀어야 한다. 평소 잘 사용하지 않는 영어와 한자가 섞인 용어도 많아서 어려워 기피했던 시절도 있었다. 그래서 나의 과학 시간은 단순히 글자와 수식으로만 내용을 알려주는 것이 아니라, 학생들이 부담스러울 정도로 활동하고 생각하는 수업을 진행하고 있다. 내 안에 있는 과학 에너지를 효율적으로 전달하기 위한 방법을 찾아가는 것이다.

주 단위로 과학수업과 진로수업이 4:1로 혼재되어 있다. 진로수업은 평가의 부담이 없어 선생님과 학생들이 긴장을 풀고 자유롭게 사고를 확장할 수 있는 소중한 시간이다. 아이들과 진로상담을 편하게 나눌 수 있고, 평소 꿈꾸던 다양한 활동을 할 수 있다. 그래서 나는 ESG교육을 주로 진로수업 시간에 진행하고 있다. 이 시간은 교사와 학생 사이에 보이지 않던 벽이 사라져 창의적인 아이디어가 쏟아져 나온다는 매력이 있다. 시간 제약 없이 다양한 활동을 할 수 있고 나 또한 환경전문가, 미술 선생님, 메이커 등으로 변신하여 다양한 활동을 즐기고 있다.

과학실인 듯 과학실 같지 않은 과학실!

ESG 교육활동은 대부분 과학실에서 이루어진다. 진로수업을 과학실에서 한다고 했을 때 당시 동 교과 선생님께서 만류했다. 하지만 난 이해시키기 위해 노력했다.

잠시만 눈을 감고 학창 시절 과학실을 떠올려보자!

갑자기?

그래도 떠올려보자!

일단 과학실에 들어가는 순간 얼어버린다.

교실보다는 조금 어둡고 차가우며 실수로 무언가가 깨질까 두렵다.

모둠책상에 도란도란 모여 앉으니 즐겁지만, 그것도 잠시!

과학실에 들어오는 순간부터 과학 선생님은 날카로워진다.

안전사고에 예민한 선생님과 공포를 느끼는 학생은 과학실 접근 자체를 기피한다.

나도 과학교사로서 항상 고민이었고, 변화해보려 노력했다. 2008년부터 교단에 서 있지만, 원하는 대로 되지 않는 것이 현실이었다. 과학실 환경이 항상 마음에 걸렸고, 이것이 아이들의 학습에 영향을 줄 수 있다는 것을 알고 있었다. 그러나 변화를 이끌어내는 데는 실천력이 부족했던 것 같다. 그러던 중 2019년에 운 좋게 청소년 Bizcool 프로그램에서 우수교사로 선정되어 싱가포르로 연수를 갈 수 있었다. 거기서 국립대학(NUS)과 공과대학(NTU) 부속 고등학교의 교육과정을 직접 보고 확인할 수 있는 소중한 시간을 보냈다. 교육 공간의 변화가 학생들을 변화시키는 중요한 요소임을 깨달았고, 학생들에게 다양한 기회를 제공하여 그들의 역량을 키울 수 있다는 것을 깨달았다. 메이커스페이스에서 자유롭게 활동하는 학생들을 보며, 이전의 나를 반성하였다. 지금까지는 학생의 안전을 이유로 과학실에서의 활동을 제한했지만, 이로 인해 학생들의 창의적 사고력과 자신감이 제약될 수 있다고 생각했다. 학생들에게 다양한 기회를 주어 그들이 스스로 새로운 것을 발견하고 도전할 수 있도록 돕고자 노력하고 있다.

지구를 위해 한 그루 식물심기

지구를 위한 한 그루 식물을 심는 활동을 진행했다. 몇 개의 머그컵을 사용하여 부식토를 넣고 그 위에 채소(청경채, 상추 등) 씨앗을 심어 보는 활동이다. 작물이 자라는 과정을 관찰하며, 생명의 소중함을 학생들에게 알려주고자 했다. 이를 통해 SDGs 13번과 15번을 다루었다.

내가 만든 보드게임

수업시간, 교실 분위기가 예전과는 많이 다름을 느낀다. 왁자지껄, 속닥속닥하던 살아 있는 분위기에서 핸드폰에 빠져 서로에게 관심 없는 분위기로 바뀌었음을 실감한다. '떠들기라도
하자. 소통과 협력이 필요한 요즘이
다.' 이러한 의도로 종이로 된 보드
게임을 제작하는 체험 시간을 가졌
다. 학생들은 모둠별로 나누어 게임
을 기획하고 제작하며, 서로가 만든

게임을 즐기는 시간을 가졌다. 협업하는 과정에서 시끄럽고 정신없지만, 평
소와 다른 상호작용이 일어남을 확인할 수 있었다. 이를 통해 학생들의 기획
력과 협업 능력을 키우고자 했다. 또한, 이러한 활동을 통해 SDGs 17번을 다
루었다.

2023 안산직업체험 박람회 부스운영

2023년 안산 직업박람회에 참여
하여 부스를 운영했다. 이 부스에
서는 시민들에게 17가지 SDGs 목
표 중에서 가장 관심 있는 목표와
가장 먼저 해결해야 할 문제로 생
각하는 목표에 스티커를 붙이도
록 하는 방식으로 진행되었다. 이
를 통해 많은 사람이 심각한 기후
변화에 대해 고민하고 있으며 문
제 해결의 필요성을 인식하고 있음

을 확인할 수 있었다. 이러한 설문 결과는 학생들과 공유되었으며, 학생 창
업 아이템을 선정하는 데에도 큰 역할을 하였다. 그리고 안산시 시장님과 안

산교육지원청 교육장님도 이 스티커 설문에 참여해주셨다.

SDGs 작가와의 만남

SDGs를 실천하기 위해서는 관련
된 인문학적 지식과 소양도 필요하
다고 판단했다. 이에 학교 사서 선
생님의 협조를 얻어 한 달간의 독
서활동을 실시한 후, 작가와의 만
남 프로그램을 기획했다. 이 프로
그램은 작가를 직접 만나 독서활동에서 궁금했던 점을 논의하는 것을 목표
로 하였고 선정된 책은 공윤희 작가의『오늘부터 나는 세계시민입니다』였다.

프로그램은 점심시간을 활용하여 책을 읽고 중요한 부분을 발췌하여 독서
록에 정리하는 것으로 진행되었다. 이러한 활동을 통해 학생들은 인문학적
소양을 키우는 동시에 시민으로서의 성장을 경험할 수 있었다.

장애 비장애 학생과 함께하는 SDGs 문제 해결 청소년 비즈쿨 캠프 참가

한경국립대학교에서 주관하
는 '장애 비장애 학생과 함께하는
SDGs 문제 해결 청소년 비즈쿨 캠
프'에 참가하였다. 이 캠프는 과거
에는 선진학교(안산)에서 주관하
여 진행되었던 것으로, 장애가 있
는 학생과 다른 학교 학생들이 함께 팀을 이루어 사회 문제를 발견하고 해결
해가는 매우 뜻깊은 교육활동이다. 2박 3일 동안 해커톤 형식으로 진행되며,

매년 창업 동아리 학생들도 참여하고 있는 만큼 많은 분야에서 상호적 성장을 이룰 수 있는 훌륭한 교육의 장이다.

참여한 학생들의 후기 중 핵심적인 내용을 보면 이 캠프를 통해 자신을 소중하게 생각하게 되었고, 자신과 다른 사람들을 위해 배려하는 자세를 배웠다고 한다. 이런 경험을 통해 학생들은 서로를 이해하고 협력하는 방법을 배우며, 사회 문제를 해결하는 데에 기여할 수 있는 능력을 키워나갈 수 있었을 것이라 생각한다.

SDGs와의 만남

2017년부터 현재까지 청소년 비즈쿨 사업을 이끌고 있다. 이 프로그램은 '학생들의 기업가정신 확산을 통해 도전정신을 갖춘 융합형 창업 인재 양성'을 목표로 하며, 전국에서 약 250개 학교를 선발하여 1년간 별도 예산을 지

원한다. 이 프로그램은 발명 교육과 함께 창업 교육에도 중점을 두고 있으며, 특히 특성화고등학교 학생들에게는 학과 특색에 맞는 프로그램을 제공하는 것이 매력적이다.

처음에는 시행착오와 고민이 많았지만, 'GRIaTor 크라우드 펀딩'이라는 프로그램을 기획하고 실행함으로써 성과를 거두었다. 4인 1팀으로 구성된 학생들이 창업 계획서를 작성하고 제출하면 심사를 거쳐 최대 100만 원, 적게는 20만 원까지 지원한다. 학생들은 이 지원금으로 자체 사업을 시작하고 얻은 수익금은 모두 안산동행정복지센터에 기부한다. 학생들이 도전과 사회적 기부를 통해 인성적 성장을 이루게 되는 것을 볼 수 있었다.

또 활동을 함께하는 교사로서 학생들의 동기부여를 위해 스스로 만들어 본 용어를 소개하자면 'GRIaTor'이 있다. 엔젤라 더크워스의 GRIT(성장력+회복적 탄력성+내재적동기+끈기)와 creator(창작자)를 합성한 것이다. 이는 성취 수준이 낮은 일부 학생들에게 자신이 설정한 목표를 달성하고 성공하기 위해 강인한 의지와 인내력을 갖추기를 바란다는 의미로 교육활동 내내 외치며 독려하고 있다.

창업지원팀 중에 버려지는 플라스틱을 재활용하여 화분을 만들어 판매한 팀이 있어 소개하고자 한다. 그들의 노력은 환경을 생각하는 마음뿐만 아니라, 버려진 것에 관심을 갖고 마음을 주어 재탄생시킴으로써 높은 가치를 창출했다. 남다른 열정과 창의적 사고에 높은 점수를 주고 싶다.

지역 클러스터와 함께한 SDGs 교육활동

우리 학교가 위치한 수암동은 과거 원도심에 해당된다. 과거 행정 업무를 주관하던 관아(지금의 행정복지센터와 지방법원, 경찰서가 합쳐진 기능을 수행하는 곳) 터를 중심으로 과거의 역사적 흔적들이 잘 보존되어 있다. 그러나 안산 중심

가와 너무 멀리 떨어져 있고 문화센터나 복합교육 공간이 부족하여 사람들이 기피하는 지역으로 인식되고 있다. 이런 지리적 차이로 인해 발생한 교육 불균등을 해소하기 위해 마을주민들과 함께하는 우리 지역 바로 알기 교육 프로그램을 기획하고 진행했다.

2023년 5월 중순에는 안산동 초입에 있는 300미터 긴 담장에 안산동 주민들이 한자리에 모여 안산동 주민자치회 주관으로 안산동의 역사 이야기를 벽화로 그려 마을 환경을 개선하는 봉사활동이 벌어졌다. 이번 봉사활동에는 학생자치회 학생들도 함께 참여했다. 학생들은 속한 지역을 위해 무엇인가 도움이 될 수 있음을 알고, 더운 날씨에도 마을주민들과 함께해서 기쁘게 동참했다.

2021년부터는 안산미래교육혁신지구 안산마을학교 사업을 운영하면서 미래세대에게 기후위기를 알리고 대비하기 위한 환경생태 교육을 실시했다. 이 프로젝트의 하나로 '안산마을 생태공간 만들기' 봉사활동을 진행하였다. 이를 통해 기후위기 대응과 탄소중립을 실현하기 위한 학교 환경교육을 강화하고, 학교 환경교육을 주제로 한 학과 특색에 맞는 마을봉사활동을 실시했다. 이러한 노력을 통해 지역과 상생하는 교육을 활성화하고, 마을을 위해 노력하는 민주시민을 양성할 수 있었다.

안산마을학교 사업의 일환으로 2022년에는 '안산마을 생태공간 만들기' 봉사활동을 실시하여 학생들이 마을을 사랑하는 애향심을 고취하고, 교육공동체가 함께 노력하면 건강한 지역생태계를 조성할 수 있음을 알 수 있는 기회가 되었다. 이러한 활동은 단 한 번의 봉사활동으로 끝나는 것이 아니라, 지속적인 문화 조성을 위해 해마다 계속될 예정이다.

지역적 교육문화 격차를 해소하고자 '마을주민과 함께하는 바리스타 및

제과제빵 교육'을 운영했다. 학교 내 바리스타실과 제과제빵실을 주민들과 공유하면서 마을과 상생하는 활동을 진행했고, 참여한 마을주민 모두 만족도가 높았다. 또한, 특성화고등학교 학생들의 직업 전문성을 향상시키고 재능을 키우기 위해 교육 기부활동을 하고 있다.

2022년 7월에는 '마을을 담다, 공간을 담다'라는 건강한 마을환경을 구축하고 학교 밖 자원을 활용하고자 진행했다. 주변을 확인하고 우리 마을을 살피며 지리적 생태적 자원을 알아가며 애향심을 키울 수 있었다. 이 활동은 학생들의 디지털 역량도 함양하기 위해 안산동 초중고 학생들이 연합하여 마을을 메타버스로 그려 마을 홍보에도 도움이 되었던 뜻깊은 활동이었다.

2023년에는 미용과 학생들의 교육 재능기부 봉사활동을 진행했다. 수년간 꾸준히 진행되는 봉사로, 연말이 되면 경로당에서 기다리시는 봉사이기도 하다. 연말이 다가올수록 외로움을 느끼는 마을 내 독거노인과 어른들을 경로당으로 모셔 피부관리를 해드리고 아름다움을 찾아주는 활동으로 재능기부 봉사는 수업에서 배운 지식을 실제로 펼쳐 보이는 기회를 제공하면서 학생의 인성 함양에 큰 도움이 되고 있다.

2021년 ESG 앙트컵 만들기 활동과 수업내용

2021년에 진행한 ESG 앙트컵 만들기 활동은 다양한 단계로 이루어졌다. 먼저 1차시 활동에서는 "왜 ESG인가? 왜 지속 가능한 발전이 필요한가?"라는 질문을 시작으로 학생들에게 SDGs 마인드셋 교육을 실시했다. 이를 통해 ESG 경영철학의 정의와 지속 가능한 발전의 필요성을 설명할 수 있었다.

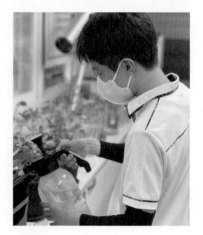

이어지는 2차시 활동에서는 프로젝트의 마무리까지 의견을 나누고 협동을

통해 미션 수행을 위한 모둠을 구성하는 활동을 진행했다. 모둠 구성에 있어 학생들의 의견이 많아 일부 선생님들은 자동으로 팀을 구성해주는 프로그램을 이용하거나 제비를 뽑는 경우가 많았다. 하지만 나는 게임을 활용하여 모든 학생이 서로를 이해하고 모둠을 구성할 수 있도록 돕는 방법을 택했다.

3차시에서는 이미지 프리즘을 활용한 기업가정신 정의 내리기 활동을 실시했다. 이미지 프리즘 교구는 다양한 학생들의 수업 참여를 이끌어내고 개념을 이미지화하여 효과적으로 전달할 수 있는 도구였다.

4차시에서는 『생각을 바꾸는 생각들』(바카스샤, 2021, 인플루엔셜)에 소개된 기업가들의 경영철학을 확인하고 이를 현장에서 실천하는 멘토를 찾아보는 활동을 진행했다.

마지막으로 5~9차시에는 무지 머그컵을 활용하여 각자의 다짐을 작성하고, 디자인을 통해 SDGs 목표실현에 대한 의지를 나타내는 활동을 진

행하였다. 무지컵에 인쇄된 글과 그림을 전사하여 생명력을 불어넣었다. 10차시에는 무인 판매대를 활용하여 컵을 판매하고 수익을 창출하여 사회적 배려와 나눔을 실천하였다.

ESG앙트컵 만들기를 하며 느낀 교육적 효과(우수한 점)

창의적 체험활동 시간이나 동아리 시간을 활용할 때는 정규교육 시간이 아니기 때문에 체계적인 활동을 진행하기 어려울 것으로 생각했다. 이에 대한 해결책으로 진로 교과 시간을 활용하여 학생들에게 기업가정신을 규칙적이고 효율적으로 이해시키는 것이 중요하다고 판단했다. 이러한 이유로 메이커 활동을 선택하게 되었는데, 현재 고등학생들이 사회적 이슈로 인해 체험 활동이 부족한 상황에서 놀 수 있는 콘텐츠를 만들어 주고자 했다. 단순히 이론을 배우는 것보다는 함께 무언가를 만들고 결과를 나누는 활동을 통해 기업가정신을 깨우치고자 했다.

기업가정신은 그 범위가 포괄적이며, 어떤 측면을 강조하느냐에 따라 정의하기 어려운 개념이다. 프로그램 중반과 후반에는 각자가 생각하는 기업가정신을 이미지 프리즘을 활용하여 정의하고 발표하는 시간을 가졌다. 이를 통해 자신의 주변을 이해하고 알아가는 소중한 경험을 할 수 있었다. 현대 산업혁명 시대에서는 협동과 협업이 중요한데, 이 프로젝트를 통해 학생들은 협동을 통해 좋은 결과를 얻을 수 있으며, 아이디어가 발전되고 완성도 있는 결과물을 얻을 수 있다는 것을 스스로 깨달았다. 이러한 교육적인 측면에서 이 프로젝트가 학생들에게 긍정적인 영향을 미쳤다고 생각한다.

ESG앙트컵 만들기를 하며 아쉬운 점(개선할 점)

코로나19로 인해 외부 활동을 할 수 없었기 때문에 학생들이 사회적 배려와 나눔을 실천하는 과정에서 기대한 9/10차시 교육목표를 달성하기 어려웠다는 점이다. 학생들이 만든 ESG 앙트컵을 교내 무인자판대에서 판매하는 것이 아니라 마을과 사회에 환경보호의 필요성과 지속가능한 발전에 대한 작은 메시지를 전달하고 싶었다. 그래서 주민센터나 수암산 등산로 입구에 자판대를 설치하여 학생들과 함께 활동하고 싶었지만, 코로나라는 예기치 못한 상황으로 인해 이러한 계획을 실현하지 못했다.

개선해야 할 부분은 ESG 경제교육을 위한 수업 사례가 부족하고 참고할 수 있는 활동 자료가 부족하여 매 시간 새로운 자료를 만들어야 했다는 것이다. 하지만 학교 주변의 환경과 학생들의 수준을 고려하여 수업 자료를 만들 수 있었다. 주변 학교와의 협력을 통해 지역 클러스터를 형성하여 정보를 공유하면 더욱 수준 높은 교육 자료가 마련될 것으로 기대한다. 이를 통해 더 많은 학교와 학생들이 ESG 경제교육에 대해 관심을 가지고 활동할 수 있을 것이다.

ESG앙트컵 만들기를 통한 학생성장과 변화

학생들의 기업가정신 역량 강화와 함께 ESG 경제 개념을 학생들이 이해하는 것을 목적으로 프로그램을 진행하였다. 프로그램 소개하는 오리엔테이션 시간에 "기업가정신이 무엇인가요? 환경 변화와 관련된 문제는 어떤 것이 있으며, 이를 해결하기 위해 우리가 할 수 있는 일은 무엇인가요?"라는 질문에 대부분의 학생이 잘못된 개념이나 너무 일반적인 답변을 제시하는 것을 보고, 그 개념을 충분히 이해하지 못했다는 것을 알 수 있었다. 이 프로젝트를 진행하면서, 사회, 환경, 경제 문제를 직면하고 해결하는 능력을 주도적으로 발휘해야 하는 주체로 성장할 수 있도록 하였다. 또 지속 가능한 발전이 무엇인지를 고민하고 문제를 인식하고 해결해 나가는 과정에서 학생들이 성장할 수 있도록 지원하였다. 이를 통해 학생들이 지속 가능성의 목적을 이해하고 관련된 지식과 기술을 습득할 수 있는 활동을 하면서, 학생들이 한층 더 성장할 수 있었다는 것을 느낄 수 있었다.

ESG수업의 발전 방향 및 계획

지속가능한 현재 사회와 미래 사회를 구축하기 위해서는 교육과정 전반적으로 환경, 사회, 경제와 관련된 원리, 지식, 기술, 사고방식, 가치를 가르치는 교육과정의 재정비가 필요하다고 생각한다. 학생들이 세상에 대해 끊임없이 질문하고 다시 생각하며, 다양한 시각으로 세상을 바라보도록 유도하여 그들의 발전 가능한 사고력을 높이고 시야를 넓히고자 한다. 또한, 학생들의 기본 역량을 강화하고, 인문학과 연계된 진로수업을 진행하여 소양을 갖추도록 하고 싶다.

이와 더불어 진로 독서활동은 학생들이 진로 독서의 목적을 이해하고 자체적으로 해석하는 과정을 통해 자신의 진로와 미래를 개척하는 데 필요한 준비과정이 될 것이다. 이러한 활동들은 학생들 자신의 진로와 관련된 글을 찾아 읽고 문제를 해결하는 태도를 기르는 데 도움이 되며, 성취 기준과 한 학기 동안의 책 읽기와도 관련이 있기에 학생들은 자신의 꿈과 진로 선택에 있어 어떤 문제들이 있고 어떻게 대응해야 할지를 인식할 수 있을 것이다. 또

한, 저자와의 대화나 반성적인 사고 과정을 통해 융합적 사고 능력을 키워나
갈 수 있을 것이라고 생각한다.

앞으로의 계획

나는 학생들이 지속 가능한 발전에 대한 중요성을 이해하고 이를 실천할
수 있도록 안내하는 교사가 되고자 한다. 이를 위해 다양한 창업 기회를 제
공하여 학생들이 창의적이고 사회적 책임을 가진 리더로 성장하고 발전할
수 있도록 노력하고자 한다. 아직도 많은 학생이 지속 가능한 발전에 대한
이해가 부족하며, 환경 문제와 같은 사회적 문제에 대한 인식이 부족한 경우
가 많기에 창업교육을 확대하여 이러한 문제를 해결하고자 한다. 학생들은
창업을 통해 소비자의 니즈(needs)를 분석하고, 사회의 변화를 읽어내며 문제
를 창의적으로 해결하는 역량을 키우는 과정에서 지속 가능한 발전에 대한
관심을 높일 것이다. 이러한 경험을 통해 학생들은 창의적인 아이디어와 솔
루션을 발굴하며, 지속 가능한 발전을 추구하는 사회적 책임을 가진 리더로
서 성장할 수 있을 것이라 기대한다.

지속 가능한 발전을 실천하기 위해 학생들에게 현장에서의 경험을 제공하
고, 창업 프로젝트를 실제로 실행할 수 있는 방안을 모색하고 있으며, 마을
에서의 창업 활동을 통해 학생들에게 더욱 실질적인 경험을 제공하고자 한
다. 이러한 과정에서 학생들은 뿌리 깊은 기업가정신의 핵심 가치를 배우며,
현장에서의 경험을 통해 지속 가능한 사회에 기여할 수 있는 역량을 키울 수
있을 것이라 기대한다. 지속 가능한 발전은 머릿속에서만 떠올리는 개념이
아니라, 실제적인 행동을 통해 구현되어야 한다는 것을 학생들에게 가르치
며, 그들이 더 나은 미래를 위해 책임감 있고 창의적인 리더로 성장할 수 있
도록 돕고자 한다.

나의 수업과 SDGs 17개 목표 매칭하기

	수업에서 교사가 의도한 SDGs	수업에서 학생들이 발견한 SDGs
1. 지구를 위한 한그루 식물심기	⑬ 기후변화 대응 ⑮ 육상 생태계	⑦ 지속가능한 청정에너지 ⑬ 기후변화대응 ⑮ 육상생태계
2. 내가 만든 보드게임	⑩ 불평등 해소 ⑯ 평등, 정의 강력한 제도	⑩ 불평등 해소 ⑯ 평등, 정의 강력한 제도
3. 2023 안산직업체험 박람회 부스운영	④ 양질의 교육 ⑧ 좋은 일자리와 경제성장 ⑬ 기후변화대응	①~⑰ 모두 해당
4. SDGs 작가와의 만남	①~⑰ 모두 해당 (독서 활동을 하며 내용을 이해하고 학습함)	①~⑰ 모두 해당 (독서 활동을 하며 내용을 이해하고 학습함)
5. 장애 비장애 학생과 함께하는 SDGs문제 해결 청소년 비즈쿨 캠프참가	⑤ 성평등 ⑩ 불평등 해소 ⑯ 평등, 정의 강력한 제도 ⑰ 글로벌 파트십	⑤ 성평등 ⑩ 불평등 해소 ⑯ 평등, 정의 강력한 제도 ⑰ 글로벌 파트십
6. 지역클러스트와 함께한 SDGs교육활동	⑧ 좋은 일자리와 경제성장 ⑨ 산업, 혁신과 인프라 ⑪ 지속가능한 도시와 공동체	⑧ 좋은 일자리와 경제성장 ⑨ 산업, 혁신과 인프라 ⑪ 지속가능한 도시와 공동체
7. ESG앙트컵 만들기	⑥ 깨끗한 물과 위생 ⑦ 지속가능한 청정에너지 ⑧ 좋은 일자리와 경제성장 ⑬ 기후변화대응 ⑭ 해양생태계 ⑮ 육상생태계 ⑯ 평등, 정의 강력한 제도 ⑰ 글로벌 파트십	①~⑰ 모두 해당

SDGs가 에듀테크를 만나 홍보에 날개를 달다

— 이종훈 (경안고등학교 교사)

평소 삶의 가치와 교육자로서의 자세

SDGs를 알기 이전에는 TV나 유튜브의 다큐멘터리나 시사교양 프로그램 중 기후 변화가 지구 환경에 미치는 영향에 대한 프로그램들에 관심을 갖고 많이 보았다. 북극의 얼음이 녹고 북극해의 얼음이 녹아서 북극곰들이 물에 빠져 죽는다는 이야기, 미국과 캐나다에서 대규모 산불이 일어났는데 그 원인이 여름철 역사상 가장 뜨거운 햇빛이었다는 이야기, 장마철이나 우기에 지금까지 듣도 보도 못한 반년 치 강수량이 한꺼번에 쏟아지고, 그로 인한 홍수로 집이 떠내려가고 도로가 유실되고 많은 이재민이 발생하고 많은 사상자가 발생했다는 이야기, 남극 대륙이 녹고 있다는 이야기, 그로 인해 태평양, 대서양, 인도양에 있는 섬들. 특히 몰디브 같은 섬들은 해수면이 점점 올라가 50년 후에는 사라질 수 있다는 이야기, 해양 오염의 실태에서는 미세 플라스틱의 위험성에 관련된 문제들. 플라스틱을 너무 많이 사용하고 있기 때문에 플라스틱 사용을 줄여야 한다는 이야기, 어떤 정부에서는 일회용품 사용을 중지시키려고 제도를 만들어 노력하고 어떤 정부는 그 제도를 다시 무력화하고 있다는 이야기들이 귀에 들려왔고 눈에 보였다.

사실 그것들을 일부러 찾아서 보지는 않았다. '나'라고 하는 작은 개인이 해결하거나 관여한다고 해서 이런 문제들이 해결할 수 있을 것이라 생각하지 못했다. 이러한 일들은 국가 차원에서 또 전 세계의 차원에서 해야 한다고 생각을 하고 있었다. 플라스틱 몇 개 덜 쓴다고 해서 해결되겠느냐는 생각을 갖고 살아가고 있었다. 그러나, SDGs를 알게 되고 나서 이미 1990년대부터 국제사회에서는 유엔을 중심으로 지구의 지속가능한 발전을 위한 노력을 하고 있었다는 것을 깨닫게 되었다. 지구촌이 이 중대한 주제에 대해 토론하고 논의하여 목표를 달성하기 위해 노력할 때 나는 무엇을 하고 있었을까?

나의 수업 혁신을 위한 여정을 잠깐 돌아봐야겠다. 1996년에 영어교사가 된 이후 수업 시간에는 교과서와 모의고사 문제집을 통해 텍스트로만 영어 문법과 독해를 가르치고 어휘 능력향상을 위해 학생들을 위해 많은 노력을 기울였다. 몇 년을 가르치다 보니 지식전달 위주의 단순한 강의식 수업에 나 스스로도 가르치는 재미를 잃고 학생들도 재미없어 힘들어 하는 것을 느꼈다. 변화가 필요했다. 물론 학생들은 대학 입학을 위해 영어 성적을 향상시켜야 하기 때문에 기본적으로 공부를 해야 한다. 그렇지만 한두 시간 정도 아이들이 잠시 숨을 돌릴 수 있는 활동들이 무엇이 있을까를 생각하면서 관련 연수를 많이 찾아보며 참여했다.

2000년대 초반에는 팝송을 통해 학생들과 공부를 재미있게 하는 시간을 가졌다. 매주 첫 수업 시간 도입부에 팝송을 한 곡을 들려주고 그 팝송의 가사도 직접 타이핑하여 복사해서 나누어 준 후 가사의 내용을 알아보았다. 다음 시간부터 그 일주일간은 수업 시작할 때마다 그 노래를 한 번씩 듣고 따라 부른 후에 그날의 수업을 시작하는 방식으로 수업을 진행했다.

기억에 남는 것은 2013년 1월 경기도 파주 영어마을에 있는 경기도외국어 연수원에서 진행한 'Winter Drama Program' 연수에 참여한 것이다. 한 달간의 합숙 생활을 하면서 경기도에 있는 스물세 명의 영어 선생님들과 함께 'Wizard of OZ(오즈의 마법사)'를 뮤지컬로 공연하기 위해 연습했다. 연기와 노래와 춤과 연기를 전문 배우들로부터 배웠다. 발화하는 방법도 익혔다. 1월 말에는 파주영어마을의 대공연장 무대에서 60분짜리 뮤지컬 공연을 했다. 뮤지컬을 배운 이유는 영어 교사는 너무 '엄근진'한 얼굴로만 수업할 것이 아니라 배우처럼 여러 다양한 표정과 연기를 하는 하나의 연기자라는 생각으로 학생들 앞에서 수업을 하면 더 재미있게 할 수 있겠다는 생각에서였다.

또 나에게 주어진 소중한 기회는 6개월 영어연수 프로그램이다. 2013년 3월부터 8월까지 5개월간 국내에서 연수를 받고 1개월간 미국 미시건 주의 이스트미시간대학교(East Michigan University)에서 미국 교사들의 수업 방식과 방법, 미국 학교들의 수업 현장을 견학하며 견문을 넓힌 것이 이후 영어교사로서의 삶에 큰 영향을 미쳤다. 이때 배운 다양한 영어수업 툴과 수업 방법, 그리고 수업에 사용할 수 있는 여러 가지 활동들은 이후 교실에서 잠자는 학생들이 없게 만드는 소중한 자원이 되었다.

수업은 재미있어야 한다. 무엇보다 아이들이 깨어 있어야 무언가 할 수 있지 않을까?

2018년부터는 안산시 고교 다함성 프로젝트의 수업혁신 파트로 영어과 수업혁신 사업을 진행했다. 당시 2015년도 개정 영어 교육과정의 목표를 구현하기 위해 글로벌 시민의식을 함양을 위한 영어 의사소통능력, 창의적 제작 활동, 문화감수성을 배양하여 미래형 융합인재를 육성하는 것을 목표로 다음과 같은 수업을 진행해왔다.

1) 어휘학습 플랫폼을 활용한 수업 및 어휘 배틀
2) 필리핀 다문화 체험 수업

3) 구글 스트리트뷰와 360도 사진을 통한 지역사회 홍보수업

4) Reader's Theater 활동으로 영어의사소통 능력 신장하기

5) 팝송뮤직비디오 제작 및 페스티벌 프로젝트수업

이렇게 수업의 아이템을 기획하여 만들고 실천했다. 그 안에서 해마다 새롭게 만나는 학생들에 따라 변화를 주면서 진행해 온 수업이 어쩌면 교사로서 지속가능한 발전을 위한 토대를 다지는 것이었다는 생각이 든다. SDGs에 대해서는 알지 못 한 채 수업을 어떻게 잘 할 것인가에 고심하던 나에게 어느 날, 느닷없이 SDGs가 찾아왔다. 2023년 7월 14~15일 안산시지속가능발전협의회에서 주최한 안산시 교사 대상 SDGs 연수가 있다는 공문이 학교에 왔다. 공문을 검토하시던 교감선생님께서 우리 학교에서는 연구부장이라도 한 명 가야 하지 않겠나 말씀하셨고, 때마침 학생들 2차 지필평가도 끝나서 내가 다녀와도 되겠다는 생각으로 SDGs가 무엇인지도 모르면서 연수에 참여하게 되었다. 그런데, 그 1박 2일 연수에서 지금까지 헛살았나 싶은 생각이 마구 몰려왔다. 첫 번째 세션에서 오수길 박사님의 강의를 들으며 이런 중요한 문제를 다루는 사안들이 전 세계적으로 이미 오랫동안 진행되어 왔던 것을 왜 모르고 있었을까? SDGs 17개 목표를 들어보니, 빈곤퇴치, 기아종식, 해양오염, 신재생에너지, 기후변화 등의 문제는 산발적으로 접해 왔던 것들이었지만, 이것들을 포함한 총 17개 주제를 목표로 설정하고 이를 달성하기 위해 실천하고 있었다는 사실은 미처 몰랐다. 너무나 대단하고 훌륭한 일을 하고 있다는 생각이 들었다. 반면 이에 대해 무지했던 지난 시간이 크게 반성되는 시간이었다.

사실, 책을 좋아하고 TV나 유튜브에서도 주로 다큐멘터리나 시사교양물을 보고 있었기에 감쪽같이 나만 모르게 이런 일이 세상에서 진행되고 있

었다는 것에 대해 살짝 서운하기도 했다. 그러고 보니 주변에서 이와 관련된 얘기를 나눈 적이 없었다. 나뿐만 아니라 아직도 모르는 사람들이 많다는 생각이 들었다. 우리 학교 선생님들과 이런 얘기를 나누어본 적이 없었던 것 같았다. 다른 학교 선생님들도 만나봤지만, 내가 만난 선생님 중에서는 이 SDGs라는 용어 자체를 입 밖으로 꺼내어 얘기를 나누어 본 적이 없었다. 참 신기했다. 어떻게 철저하게 나에게 비밀로 했을까. 전 세계는 유엔(UN)이 주축이 되어 이미 2015년에 지속가능발전목표를 17개 설정하고, 이에 따른 169개 세부목표를 만들고, 여기에 240여 개의 지표를 갖고 실천해가기로 했다는 사실을 알게 되었다. 2016년부터 2030년까지 15년 동안 목표를 달성하겠다고 계획을 세웠고, 벌써 절반이 지나간 상황인데 이런 것을 몰랐다니…. 이제라도 알게되어 다행이라고 생각했다.

이 연수에서 강의를 들으면서 이 내용은 사실 전 교과에서 다 다룰 만한 내용이고, 분명히 각 교과에 한 단원이든 두 단원씩 그 내용이 들어 있을 것이라는 생각이 들었다. 아니나 다를까 당시 옆에 있던 지리 선생님, 사회 선생님, 과학 선생님들 모두 그 교과 안에 이런 내용이 있다는 얘기를 했다. 영어 교과서에도 다시 한 번 찾아보니 역시 있었다. 모르고 있을 때는 보이지 않던 것들이 알고 보니 계속해서 보였다. ESG 경영이라고 하는 것이 기업에 중요하다는 말도 들은 기억이 있는데, 그것이 SDGs와 연관된 것이라는 것도 깨달았다. 또 그것이 기업 버전의 SDGs의 운동이었다는 것도 그제야 알게 되었고, 지금까지 알고 들어왔던, 나에게 보였던 것들이 하나씩 하나씩 서로 연관 관계를 맺으며 마치 퍼즐이 맞춰지듯 이해되었다.

학교 교육의 목표를 SDGs에 맞춰야겠다고 생각했다. SDGs의 목표에 따라 교육과정을 만들어 배우고 실천하며 혁신하는 인재를 길러내는 것이 미래 교육이 되겠다는 생각도 들었다. 청소년 환경운동가 그레타 툰베리가 유엔 기후행동 정상회의에서 연설하는 영상을 유튜브에서 찾아서 보았다. 툰베리는 자기 옆을 지나가는 당시 미국 대통령을 잠시 노려본 후 단상에 올라가서 분노에 찬 목소리로 연설을 했다.

"모든 게 잘못되었어요. 제가 여기에 있으면 안 돼요. 저는 바다 반대쪽 제 학교에서 공부하고 있어야 해요. 그러나 당신들은 어린 우리에게서 희망을 찾고 있어요. 어떻게 그럴 수 있나요? 당신들의 빈말 몇 마디가 제 꿈과 제 어린 시절을 앗아갔어요. (중략) 사람들은 고통받고 있어요. 사람들이 죽어가고 있어요. 생태계 전체가 무너지고 있어요. 우리 눈앞에는 대규모 멸종이 시작되고 있는데 당신들은 돈과 영원한 경제 성장이라는 동화 같은 이야기만 늘어놓을 뿐이에요. 한마디로 당신들은 우리를 실망시켰고, 우리는 당신들의 배신을 깨닫기 시작했어요. 만약 우리를 실망시키는 쪽을 선택한다면 우리는 결코 용서하지 않을 것입니다."

그의 목소리가 바로 우리 학생들, 내가 지금 가르치고 있는 학생들이 가지고 있어야 할 목소리라는 생각이 들었다. 그런데 연수 후에 학교에 돌아와 보니 우리 학생들에게는 아직 그레타 툰베리와 같은 정도의 느낌과 감동, 지식이 없었다. 연수를 통해 학생들이 바로 지속가능발전목표의 주체가 되어야 한다는 확신을 갖게 되었다. 교사로서 학생들이 지속가능발전목표를 이룰 수 있도록 도와줘야겠다고 생각했다.

에듀테크 이용하여 SDGs 홍보영상 만들기

늦게나마 SDGs를 알게 되었으니 세계 시민의 한 사람으로서 바로 실천에 돌입하기로 했다. 교사로서 할 수 있는 일은 역시 수업에 SDGs를 끌어들여 학생들과 함께 알아보고 이해하고 공감하며 세상에 널리 전파하여, 전 세계가 지속가능한 발전을 토대로 평화로운 세상을 만드는 데 동참하도록 노력하는 것이다. 수업 시간에 글로벌 시민의식을 갖춘 창의적 역량과 지식 정보력을 이용하고 자신의 창의성을 계발해서 극대화할 수 있도록 학생들의 창작활동을 진행했다. 팝송을 이용하여 그 가사의 내용과 노래의 분위기에 맞는 뮤직비디오를 제작하는 활동이다. 학생들이 직접 시나리오를 만들고 배우로서 연기도 하고 촬영과 편집을 해서 뮤직비디오를 만들어냈다.

강의식 수업은 학생들을 수동적으로 만들어 내가 가르치고 있는 학생들이 가지고 있는 창의력을 발휘할 기회를 박탈했다. 따라서 이 학생들이 얼마나 창의적인 능력이 있는지 알 수 없었다. 창의력을 발산할 수 있는 활동을 제공함으로써 우리 학생들이 매우 창의적이고 잠재되어 있는 독창성이 무궁무진하다는 것을 수년간 수차례 경험하고 목격해 왔다.

안산시지속가능발전협의회 교사 연수를 통해 SDGs를 내 수업에서 어떻게 적용할 것인가를 고민할 때 나는 비교적 쉽게 아이디어를 떠올렸다. 뮤직비디오 제작 프로젝트를 SDGs 홍보영상을 만드는 프로젝트로 하면 되겠다는 생각이었다. 1학기 때 뮤직비디오를 만드는 작업을 한 경험이 있는 2학년 학생들이면 홍보영상 만드는 것도 쉽게 할 수 있겠다는 생각이 들었다. 1학기 때 2학년 13개 반이 각 반 3개 조로 나누어 한 편씩, 총 39편을 제작하여 7월 14일 강당에서 팝송뮤직비디오페스티벌을 영화제처럼 진행했다. 많은 학생이 평생 기억에 남을 추억을 만들었다고 했다. 2학기 때 기회가 주어진다면 또 만들어 보고 싶다고 의견을 준 학생들도 많았다.

학생들이 팝송을 이용한 순수창작 뮤직비디오를 창의적으로 잘 만들었다는 것을 알기에, 저들의 경험을 살려 우리 주변 학생들, 선생님들, 그리고 안산지역 시민들과 대한민국인, 더 나아가 전 세계인들에게 SDGs를 알리고 확산시키는 데 큰 역할을 할 수 있겠다는 자신감이 들었다.

8월 들어 안산시지속가능발전협의회로부터 교사 모임을 하자는 제안이 들어왔고 흔쾌히 참여했다. 매월 1회 만나 그동안 선생님들이 진행한 SDGs 교육 사례를 함께 나눴다. 그동안 학교수업 속에서 또는 지역사회와 함께 열정적으로 활동을 진행한 선생님들의 이야기를 들으며 자신감이 더욱 강화되었다. 개학 전까지 2학기 수업시간에 어떻게 진행할 것인지에 대해 많은 시간을 고민하고 설계하였다.

8월 중순에 2학기가 시작되고 2학년 학생들에게 2학기에 할 수업 주제를 발표하며 SDGs 홍보영상 제작과 페스티벌, 영상 활용한 SDGs 홍보 방법 등에 대해 미리 큰 구상을 하도록 비전을 보여주었다. 일명 글로벌 SDGs 홍보 프로젝트였다.

첫 출발로 학생들에게 우리 지역사회에서 SDGs를 실천하고 목표를 달성하는 데 앞장서서 일하고 있는 활동가들이 있다는 것을 인식시키고 소개하기 위해, 안산시지속가능발전협의회 강소영 사무국장을 수업에 초청했다. 강소영 사무국장과 13개 반에 들어가 한 시간씩 SDGs에 대하여 소개하고, 학생들이 생각하고 현실적인 대안들에 대해 묻는 수업을 진행했다. 학생들은 이런 거대한 담론이 진행되고 있던 것에 대해 새삼 놀라워했다. 몇몇 학생들은 이런 문제를 관심있게 지켜보고 있기도 했다.

이제 어떻게 홍보영상을 만들 것인가? 그룹프로젝트로 할 것인가, 아니면 개인별로 영상을 만들 것인가, 고민했다. 그룹프로젝트로 하자니 2학기라는 학기 특성상 열정이 1학기보다는 못할 것 같았고, 하기 싫은 학생들은 그룹에 묻혀 갈 것이기 때문에 교육적 효과가 떨어질 것이 우려되었다. 그렇다면 1인 1영상 제작인데, 어떻게 할 것인가? 동영상을 어떻게 하면 좀 더 쉽고 편하게 학생들이 많은 시간을 들이지 않고도 자신들이 이야기하고자 하는 내용을 넣어 멋진 영상을 만들게 할 수 있을까, 고민에 고민을 거듭했다. 고민과 씨름하던 차에 방법이 떠올랐다. 드디어 방법을 찾아냈다. 바로 에듀테크를 이용하는 것이었다. 에듀테크와 SDGs 홍보영상과의 만남이 시작되었다.

2023년 대한민국 교육에서 큰 흐름 중의 하나는 에듀테크를 활용한 교육이었다. 특히 교사들에게는 에듀테크 관련 연수가 많이 제공되었다. 교육청에서는 관련 메뉴얼과 자료를 학교로 많이 보내주었다. 나도 여러 가지 에듀테크 연수를 받고 연수에서 소개하고 가르쳐 주는 여러 가지 어플과 프로그램 등을 배우고 사용하였다. 교사들이 여러 가지 에듀테크 프로그램을 배우고 익혀 놓으면 그것들을 적재적소에 사용하여 학생들이 흥미를 가지고 더 잘 집중할 수 있도록 학습 동기를 유발하고, 적극적인 참여를 이끌어내는 수업을 할 수 있다.

1인 1홍보영상 제작에 필요한 도구는 Canva(이하 캔바)와 챗GPT였다. 나는 캔바를 배우고 한 달 정도를 거의 매일 1일 1캔비를 한다고 생각하며 수업 시간표부터 시작해서 회의 자료를 PPT로 만들고 영어팝송뮤직비디오 페스티벌에 사용할 현수막도 디자인하면서 캔바에 있는 기능들을 사용하고 다루었다. 정말 놀라운 툴이었다. 내가 캔바를 알고 사용한 지 한 달 후부터 다음과 같은 말을 주변 선생님들과 학생들에게 공공연하게 하고 다녔다. "앞으로의 컴퓨터 활용 능력은 캔바 이전의 시대와 캔바 이후의 시대로 바뀔 것이다." 즉 BC와 AC로 나뉜다는 말이다. 'Before Canva와 After Canva.' 기원전과 기원후를 말하는 BC와 AD를 생각나게 하는 말이어서인지 듣는 사람들이 바로 이해했다. AI의 기능이 첨가되며 캔바는 계속해서 진화하고 있다.

또 2023년 1월부터 폭발적으로 관심을 끌고 성장하고 있는 것이 챗GPT다. 챗GPT가 만들어지고, 구글의 바드 AI가 만들어지고, 마이크로소프트의 Bing이 만들어졌다. 인공지능이 우리가 쉽게 이용할 수 있는 도구로 우리 곁에 바짝 다가온 것이어서 그 영향력은 폭발적이었다. 이것들을 좀 더 쉽게 사용할 수 있도록 WRTN도 생겨났다.

그래서 이러한 에듀테크를 활용하면 우리 학생들이 1학기 뮤직비디오를 만들 때는 한 조에 8명씩 각자의 역할(촬영과 편집, 배우, 시나리오, 구성)을 나누어서 했던 일을 혼자서도 할 수 있겠다는 생각을 갖게 되었다. 그래서 그 방법을 또 연구했다. 캔바와 챗GPT, 또는 WRTN을 이용해서 'SDGs 홍보영상을 만들기 위한 뮤직비디오 만들기 프로젝트수업을 하려고 하는데 어떻게 하면 좋겠는지 그 계획을 좀 작성해 달라'라고 했더니 아래처럼 결과물이 나왔다.

물론, SDGs(지속가능한 발전 목표)를 홍보하기 위한 뮤직비디오 제작 수업을 위한 기본적인 계획을 제시해 드리겠습니다. 이 수업은 학생들이 창의적으로 SDGs 메시지를 전달하고 뮤직비디오 제작 기술을 습득할 수 있도록 설계되었습니다.

수업 제목: SDGs 뮤직비디오 제작 수업
학년: 고등학교 (11-12 학년)

목표:
1. 학생들이 SDGs의 목표와 중요성을 이해하고 SDGs를 홍보하는 창의적인 방법을 개발한다.
2. 학생들이 뮤직비디오 제작과 편집 기술을 습득하며, 컨텐츠 제작 능력을 향상시킨다.
3. 학생들이 팀으로 협력하고 프로젝트를 완성하기 위한 계획과 조직 능력을 향상시킨다.

수업 내용 및 일정:

주차 1: SDGs 소개 및 목표 설정
- SDGs의 개념과 배경 소개
- 학생들은 홍보할 SDGs 목표 선정

주차 2-3: 스토리보드 작성과 계획 수립
- 학생들은 뮤직비디오 스토리보드 작성
- 필요한 장비 및 리소스 확인
- 그룹별로 역할 및 책임 분배

주차 4-5: 뮤직비디오 촬영
- 필요한 촬영 장비 사용법 소개
- 촬영 스케줄 작성 및 실행
- 촬영된 영상 자료 관리 및 보존

주차 6-7: 영상 편집 및 음악 선택
- 비디오 편집 소프트웨어 소개
- 학생들은 영상 편집 및 효과 적용
- 적절한 음악 선택 및 편집

주차 8-9: 뮤직비디오 마무리 및 발표
- 영상의 마지막 수정과 완성
- 뮤직비디오 발표 계획 수립
- 학생들은 뮤직비디오 공개 발표

주차 10: 뮤직비디오 발표 및 피드백
- 각 그룹이 자신들의 뮤직비디오 공개
- 학생들은 다른 그룹의 작품을 평가하고 피드백 제공

평가 방법:
- 뮤직비디오 제작과 편집 기술의 평가
- SDGs 목표에 대한 이해와 전달 능력 평가
- 프로젝트 참여 및 협력 능력 평가

참고 자료 및 리소스:
- 뮤직비디오 제작과 편집을 위한 온라인 자습 자료
- SDGs 공식 웹사이트 (https://sdgs.un.org/)
- 뮤직비디오 제작을 위한 장비 및 소프트웨어 리소스

이 수업 계획은 학생들이 SDGs에 대한 이해를 높이고 창의적으로 뮤직비디오를 제작하여 메시지를 홍보하고 팀 협력과 창의적인 기술을 개발할 수 있도록 도와줄 것입니다. 수업을 진행하면서 세부적인 내용과 프로젝트 요구 사항을 조정하실 수 있습니다.

뮤직비디오를 만들 때 학생들에게 가장 어려운 부분이 어떤 주제를 선택하고 그 주제에 대한 자기의 이야기를 어떻게 구상하여 어떤 시나리오로 이어나갈 것인지였다. 또한 어떤 텍스트와 어떤 이미지와 영상을 집어넣어 완성할 것인지 고민하는 시간이 상당히 많이 걸린다는 것을 경험상 알고 있었기에, 이 부분을 챗GPT나 WRTN에게 물어보았다.

그 결과는 아래와 같다.

1. **"지구를 지켜라" 뮤직비디오**: 이 뮤직비디오는 환경오염 문제를 강조하며, 대지, 물, 공기 오염의 영향을 보여줍니다. 다양한 지역의 자연 환경과 동물들이 오염에 어떻게 영향을 받는지 보여줄 수 있습니다. 노래 가사는 지구 보호에 대한 간략한 메시지와 실천 방법을 다룹니다.

2. **"탄소 발자국 줄이기" 뮤직비디오**: 이 뮤직비디오는 일상적인 활동이 기후 위기와 탄소 배출에 어떻게 영향을 미치는지 시각적으로 보여줍니다. 학생들이 대중교통을 이용하거나 재활용을 실천하는 등 일상적인 행동이 어떻게 환경에 도움을 줄 수 있는지 강조합니다.

3. **"미래를 위한 심장" 뮤직비디오**: 이 뮤직비디오는 미래 세대에게 우리의 행동이 미치는 영향을 다룹니다. 어린 아이들과 노인들, 미래 세대가 환경오염과 기후 위기에 어떻게 영향을 받는지 시각적으로 보여주면서, 우리의 선택이 미래를 어떻게 좌우하는지 강조합니다.

4. **"실천을 노래하다" 뮤직비디오**: 이 뮤직비디오는 사람들이 실제로 환경을 보호하고 변화를 일으키는 모습을 보여줍니다. 봉사활동, 나무 심기, 환경 정리 등 다양한 실천 활동을 다루며, 노래의 가사는 그런 행동을 격려합니다.

5. **"지구 사랑의 메시지" 뮤직비디오**: 이 뮤직비디오는 다양한 문화와 국가에서 나온 사람들이 지구 환경을 보호하기 위해 어떻게 연대하고 있는지 보여줍니다. 다양한 인종, 언어, 문화에서 나온 사람들이 환경보호에 참여하고, 함께 지구를 지키는 메시지를 전달합니다.

6. **"플라스틱의 종말" 뮤직비디오**: 이 뮤직비디오는 플라스틱 오염 문제를 강조하고, 특히 해양 생태계에 미치는 영향을 시각적으로 보여줍니다. 노래의 가사와 비주얼은 플라스틱 사용을 줄이고 대안을 찾는 중요성을 강조합니다.

7. **"신소재 혁명" 뮤직비디오**: 이 뮤직비디오는 환경 친화적인 신소재와 기술의 혁신을 다룹니다. 태양광 에너지, 바이오소재, 전기차 등의 혁신적인 기술이 환경오염을 어떻게 줄이는지 보여주며, 미래에 대한 희망을 전하는 메시지를 담습니다.

8. **"지구 온난화의 경고" 뮤직비디오**: 이 뮤직비디오는 기후 변화의 피해를 경고하는 내용을 다룹니다. 홍수, 산불, 해수면 상승 등의 사건을 보여주며, 노래는 기후 위기에 대한 경각심을 고취시킵니다.

위 결과물 중에서 6번의 플라스틱의 종말 뮤직비디오에 대한 상세한 시나리오를 작성해 달라고 했더니, 다음과 같이 작성해줬다.

"플라스틱의 종말" 뮤직비디오 콘셉트를 아래와 같이 제안해 드립니다:

제목: **"플라스틱의 종말"**

배경음악: 이 뮤직비디오의 음악은 감동적이고 호소력 있는 멜로디를 가져야 합니다. 가사와 음악은 환경 보호와 플라스틱 사용 감소를 강조하는 메시지를 전달해야 합니다. 가사는 플라스틱 오염의 현재 상황과 가능한 해결책에 대한 경각심을 일깨워야 합니다. 비트는 점진적으로 빨라지며, 뮤직비디오의 중요한 순간에서 감정적인 클라이맥스를 이루어야 합니다.

촬영 방식 및 콘텐츠:

1. **해변 씬**: 뮤직비디오는 해변에서 시작합니다. 플라스틱 쓰레기로 오염된 바닷가의 모습을 보여줍니다. 뮤지션은 해변을 거닐면서 플라스틱 병, 봉지, 플라스틱 조각들을 발견하며 이를 주목합니다.

2. **환경 보호 활동**: 뮤지션은 지구를 보호하는 다양한 방법을 시연합니다. 봉사자들과 함께 해변에서 플라스틱을 수거하고, 재활용 공장에서 플라스틱을 재활용하는 모습을 보여줍니다.

3. **시각적 효과**: 뮤직비디오에는 플라스틱 사용량의 증가와 환경 파괴 사실을 강조하는 시각적인 효과가 들어갑니다. 시간이 흐름에 따라 해변의 모습이 개선되는 모습을 보여줌으로써 긍정적인 변화를 시사합니다.

4. **커다란 무리의 사람들**: 뮤직비디오는 환경 보호를 위한 큰 무리의 사람들을 보여주며, 그들이 플라스틱 오염을 줄이기 위해 노력하는 모습을 담습니다. 이로써 단체 행동의 중요성을 강조합니다.

물론, 우리 학생들은 여기에 나오는 대로 그대로 똑같이 하지는 않았다. 자신들만의 SDGs에 대한 이야기가 들어가고 상상력과 창의력을 발휘하여 나머지 부분을 채워 넣어 영상을 완성해 나간다. 이제부터 캔바의 인공지능

기능들이 빛을 발한다. 매직 미디어(Magic Media)를 이용하여 머릿속에서 구상한 그림을 텍스트로 작성하면 그림이나 삽화를 만들어 주고, 또 동영상도 만들어 준다.

위 시나리오 중 "1. 해변씬. 뮤직비디오는 해변에서 시작합니다. 플라스틱 쓰레기로 오염된 바닷가의 모습을 보여줍니다. 뮤지션은 해변을 거닐면서 플라스틱 병, 봉지, 플라스틱 조각들을 발견하며 이를 주목합니다"를 이미지로 바꾸면 다음과 같이 이미지가 생성된다.

다음은 배경음악이다. 영상에서 음악이 없으면 그 영상을 끝까지 보기 힘들다. 그렇다고 아무 음악이나 삽입할 수 없다. 캔바에는 음악을 검색하거나 사운드 드로우(Soundraw)라고 하는 연동된 어플을 이용하여 인공지능이 만들어 주는 음악을 만들어 사용할 수 있다.

마지막으로 영상에 자막 넣기는 많은 시간을 할애해야 하는 고된 작업 중

의 하나다. 이때 캔바에 있는 매직 스위치(Magic Switch)를 이용하여 위의 시나리오 내용을 '시'나 '노랫가사'로 바꾸어 달라고 하면 멋지게 만들어준다(아래 제시한 결과물들은 세련된 문장으로 다듬은 프롬프트를 챗GPT에 입력하여 나온 결과물이 아니다. 그냥 생각나는 대로 적어본 것이다. 이 글을 보는 분들은 좀 더 프롬프트를 다듬으면 훨씬 훌륭한 결과물을 얻게 될 것이다).

이렇게 갠바와 챗GPT의 도움으로 학생들은 비교적 쉽게 1인 1개의 SDGs 홍보영상을 제작했다. 2학년 학생 305명에게서 250개 홍보영상 작품이 탄생했다. 혼자 만든 영상도 있고 두 명이 함께 만든 작품도 있어서 250개 영상이 나왔다(그중에서 랜덤하게 고른 7개의 결과물을 아래 QR코드를 통해 감상할 수 있다).

SDGs 홍보영상을 이용하여 세상에 알리기

학생들이 제작한 영상을 이제 어떻게 전파할 것인가? 먼저, 학생들 각자에게 저마다의 구글 아이디를 이용하여 유튜브에 자신의 영상을 게시하도록 하였다. 학생들이 직접 만든 지적재산물이기도 하고, 학생 각자의 생애 첫 유튜브 게시 영상을 올리게 하는 보람을 느끼게 할 목적이었다. 조회수가 늘어나고 '좋아요'가 늘어나는 것을 볼 때마다 새로운 세상에 들어간 느낌을 알면서 보람도 될 것이기 때문이다.

학생들은 홍보영상을 만들기 위해 SDGs에 대해 스스로 공부했다. 홍보영상은 남들에게 보여줄 것을 목표로 하기 때문에, 자신의 명예(?)를 고려하여 대충 만들지 않는다. 혹시나 역부족이어서 마음에 들지 않으면 제출하지 않는 경우도 발생한다. 대의명분은 SDGs 홍보영상으로 세상 사람들에게 SDGs 실천을 독려하는 역할을 한다는 목적으로 시작되었지만, 영상을 만드는 과정에서 학생들은 이미 SDGs를 깊이 내재화하고, 목표 실천을 위한 행동을 한다. 이것이 홍보영상 제작의 숨겨진 교육적 효과이며, 교사의 의도였다.

영상을 만든 학생들은 각각 본인의 유튜브에 올려 그 유튜브의 URL을 QR

코드로 만들고 구글 클래스룸에 제출한다. 교사는 QR코드들을 모아 현수막으로 만들어 교내에 게시한다. 교내 학생들과 교사들은 현수막에 있는 QR코드를 찍어 홍보영상을 감상한다. 교내 SDGs 홍보 페스티벌을 여는 것이다. 이렇게 하여 학교의 구성원들은 SDGs를 모르고 있었더라도 이 페스티벌 기간을 통해 SDGs에 대해 알게 된다.

더 나아가 확장된 계획이 있다. 안산시는 2022년 환경교육도시로 선정이 되었다. 시에서는 환경과 교육을 접목하여 사업을 펼치리라 예상된다. 이때 우리 학교 학생들이 만든 홍보 영상을 시내 곳곳에 있는 현수막 거치대에 게시한다. 안산시민들이 오가는 길에 휴대폰을 들고 현수막에 있는 QR코드를 찍어 영상을 보며 지속가능발전목표에 대한 인식을 새롭게 할 수 있는 계기를 만들 수 있으리라 생각된다. 안산시의 고등학교 학생들이 직접 만든 영상으로 환경에 대한 인식을 개선한다는 것은 좀처럼 보기 드문 훌륭한 행사가 되리라 확신한다.

안산시 전역에 SDGs 홍보영상 QR코드 10개를 담은 현수막을 안산시 17 곳의 현수막 거치대에 설치하면 170개의 영상이 담길 수 있다. 이 현수막들에 번호를 붙여 한 달에 한 번씩 돌려가며 이동해서 설치하면 지역민들이 매달 새로운 SDGs 홍보영상을 감상하게 될 것이다. 우리 지역에서 봤던 영상을 다른 지역에서도 보게 될 것이고, 1년 동안에 SDGs 홍보 영상을 많이 보게 되면 SDGs와 환경에 대한 실천력도 많이 향상되리라 생각한다. 이 과정을 통해 작은 시작이 큰 도약으로 이어지는 일이 만들어진다.

지속가능한 발전, 화학과 함께 살아남기

— 신동준 (동산고등학교 교사)

생태환경주의자로 살아가기

어쩌다보니 나도 모르게 생태환경주의자가 되어 가고 있다. 왜냐하면 교사는 모름지기 미래를 가져오는 사람으로서 생태환경주의를 지향해야 하며, 우리 아이들이 사는 세상을 좀 더 나은 보금자리로 만들기 위해 노력해야 하기 때문이다.

1996년 김천에서 안산으로 학교를 옮겨 왔을 때, 친구들은 나의 갑작스런 이동을 매우 의아해했다. 당시 시화호 문제가 연일 신문지상에 보도되었고, '안산에는 안 산다'는 말이 있을 정도로 반월공단으로 인한 수질 및 공기 오염 등 환경문제가 심각했기 때문이다. 그래서 시화호가 어디이며 어떤 역사가 있는지 둘러보면서 환경에 관심을 가지게 되었고, 안산풀뿌리환경센터와 연결되어 시화호 생태환경탐사를 하였다. 주말이면 가족이나 학생들과 함께 시화호 방파제와 방아머리 선착장 솔숲에 자주 가서 갯벌 생태, 시화호 및 해양 쓰레기 실태, 염전 연구 등 다양한 주제로 연구활동을 이어갔다.

'안산은 해양도시이다'라는 말을 잘 느끼지 못하는 학생들이 지금도 많다. 특히 안산에 유학 온 우리 학교 절반 정도의 학생들은 시화호를 처음 듣기도 했다. 당연히 가 본 적도 없었다. 그래서 체험형 환경교육을 하기 위해 자주 시화호 환경생태를 조사했다. 화학 교과를 가르치기 때문에 화학반 동아리를 지도하다가 화학환경반이라고 동아리명을 바꿨다. 화학과 환경이라는 두 바퀴가 동시에 굴러가야 앞으로 전진하여 미래로 갈 수 있다고 동기부여를 했다.

동아리 시간에는 화학 관련 실험을 하고, 인근 초등학교와 연계하여 환경봉사활동으로 실험수업을 했다. 토요일 오전에 여러 초등학교를 방문하여 태양광자동차 만들기, 탄소숯 전지 만들기, 플라스틱 재활용 열쇠고리 만들기 등 환경, 에너지 체험교육을 했다. 수업 과정에서 초등학생들에게 환경의 중요성을 강조했다. 다양한 실습을 통한 수업 활동은 많은 에피소드를 만들었고, 고등학생들은 알찬 봉사활동 시간도 챙기게 하였다. 특히 '시화호 자전거 탐사대'라는 동아리를 구성하여 안산천, 화정천, 반월천의 용존산소(DO), 생물학적 산소요구량(BOD)을 측정했다. 이 과정을 통해 수질오염에 대한 체계적인 과정을 알아가는 시간은 학생들을 환경생태자로 만들기에 충분했다. 이 봉사활동은 푸르덴셜 자원봉사자대회에서 우수상도 받았다.

SDGs를 만나다

지금의 SDGs와 관계된 삶을 이야기하려면 시화호를 만난 1996년으로 거슬러 올라간다. 그땐 그냥 생태환경의 심각성으로 인해 지속적인 모니터링이 필요했고, 생태계가 어떻게 진행되는지 궁금하여 자주 시화호 일대를 방문하였다. 갯벌에서 조사 활동하고, 하천에서 수질 상태를 측정했다. 지속가능발전이나 SDGs를 자세히 알고, 그것에 목적을 둔 활동이 아니라, 직면한 문제를 해결하는 데 도움이 되고자 시작했다. 지금 생각해 보면 학생들과 했던 활동이 지속가능발전목표를 지향하고 있었다.

다양한 활동을 진행하기 위한 필요경비는 한국과학창의재단 등의 프로젝트에 응모하여 충당했다. 그러다 보니 매년 연구주제 계획서를 작성하고 결과보고서도 산출하면서 마무리하였다. 이런 일련의 활동들은 뭔가 뼈대를 만들어가는 느낌이다. 동기, 과정, 결론으로 기승전결이 만들어지면서 나도 모르게 대의명분을 완성하고 있는 듯하다.

사실 SDGs는 멀리 있는 것이 아니었다. 우리 주변에 실생활 문제를 해결하기 위한 다양한 활동이 다 포함되며, 이를 교육과정에 녹여낸다면 모든 수업은 SDGs를 품은 수업이 될 수 있다.

내가 생각하는 지속가능발전

화학 교사로서 나는 라이너스 폴링(1954 노벨화학상, 1962 노벨평화상 수상자)의 삶을 수업 중에 꼭 이야기한다. 라이너스 폴링은 화학 분야에서 전기음성도(electro negativity) 등의 위대한 업적으로 노벨화학상을 수상하였지만, 각 나라에서 강연하던 중 환경문제 등에 관심을 가지고 반핵운동, 평화운동에 앞장서게 되었다. 그가 느꼈던 사회와 인류에 대한 도의적 책임은 핵무기 반대와 핵실험의 위험성을 주장하는 데 평생을 헌신케 만들었고, 그 공로로 노벨평화상도 수상하게 되었다. 화학수업에서 폴링을 언급하면서 나는 동전의 양면과 같은 화학과 환경을 함께 생각해야 한다고 이야기한다.

교과목이 화학이니만큼 SDGs ⑥물과 위생의 보장 및 지속가능한 관리, ⑮해양, 바다, 해양자원의 지속가능한 보존노력, ⑮육지생태계 보존과 삼림보존, 사막화방지, 생물다양성 유지 등과 연계한 수업을 진행한다.

교육과정 연계 활동 사례(시도, 접근하는 방식, 과정, 결과)

올해(2023) 진행한 '미세먼지' 프로젝트에 대해 소개하고자 한다. 일단 SDGs 연계지점으로 SDGs ⑪포용적이며 안전하며 회복력 있는 도시와 주거지 조성과 연결하고 싶다. 주거권에 대한 권리가 전 세계 모든 인간이 누려야 할 권리라고 한다면, 세계시민으로서 어떤 역할을 해야 하는지 함께 토의하고 공유할 필요가 있다고 본다.

왜 미세먼지인가? 인간에게 공기는 매우 중요하다. 지역적 오염이나 환경문제는 다른 나라까지 걱정을 끼치지만, 심각한 생명 위협의 영향은 없다. 하지만, 공기의 질은 지구 대기 대순환이라는 자연법칙으로 인해 곧장 영향을 미친다. 우리나라도 중국, 몽골 등으로부터 영향을 받고 있고 또, 일본이나 인근 국가에 영향을 주고 있다고 봐야 한다. 그래서 미세먼지의 실태와 발생 원인, 피해 감소방안에 대한 사회적, 과학적 접근이 세계시민으로 성장하는 학생들에게 꼭 필요하다고 판단한다. 미세먼지는 기상청 등에서 실시간 제공하기 때문에 미세먼지 측정이 불가능한 경우에는 공공 데이터를 활용한 수업도 필요하다. 이것도 의미있는 세계시민교육이라고 생각한다.

여기서 미세먼지 측정 데이터에 대해 잠시 생각해 보면 도시를 중심으로 어디에 설치하여 데이터를 수집하느냐에 대해 살펴봐야 한다. 데이터 측정 시스템은 기상청과 관할 시청에서 관리 운영하는 것이라서 측정장소가 우리가 거주하는 곳과는 차이가 있을 수 있고, 측정장소도 설치와 관리 운영이 가능한 곳이어야 하기에 주로 관공서에 설치되어 있다. 측정하기 쉬운 곳은 비교적 좋은 환경이므로, 직접 측정하는 것이 더 의미있는 활동이라 할 수 있다.

미세먼지 관련 프로젝트를 준비하여 지능형 과학실 ON 수업을 진행 후 교실에 있는 공기순환장치에 부착되어 있는 센서값을 귀납적 탐구방법으로 데이터 수집하여 그 원인을 분석하는 수업을 진행했다. 미세먼지 센서를 빌려주고 가정 내, 특히 주방에서 어떤 종류의 미세먼지가 언제 발생하는지, 어떤 요리할 때 많이 발생하는지 알아보도록 지도하였다. 공공데이터를 이용하여 각 지역별 미세먼지의 발생 원인을 변인들과 연관시켜 알아보도록 제안하였다. 아래 수업지도안을 참고하여 살펴보길 바란다.

교과	화학I	학년	2	작성자	신동준
단원명	I. 화학의 첫걸음			차시	3

학습목표	화학과 관련된 일상생활을 예를 들어 설명할 수 있다.

성취기준	[12화학I01-01] 화학이 식량 문제, 의류 문제, 주거 문제 해결에 기여한 사례를 조사하여 발표할 수 있다.

수업 계획	열기	#SDGs Goal 11. 지속가능한 도시와 공동체의 현황 ▶인류의 절반인 35억 명이 오늘날 도시에 살고 있으며 2030년까지 50억 명이 도시에 살 것으로 예상된다. ▶세계 도시들은 지구의 3%에 불과하지만, 에너지 소비량의 60-80%, 탄소 배출량은 75%를 차지하게 된다. ▶급속한 도시화는 신선한 물·하수·생활환경 및 공중보건에 영향을 미치고 있다. ▶2016년 도시 거주자의 90%가 안전 기준에 미달하는 공기를 마셔 대기오염으로 인해 420만 명이 사망하였다. 전 세계 도시 인구의 절반 이상이 안전 기준보다 최소 2.5배 높은 대기오염 수준에 노출되어 있다.
	쌓기	#SDGs Goal 12. 책임감 있는 소비와 생산 - 지속가능한 소비와 생산 양식의 보장 ▶미세먼지의 종류와 발생원을 알아보자. ▶미세먼지 발생량 비교

배출원	PM10 배출량(톤/년)	PM2.5 배출량(톤/년)	PM2.5/PM10 (%)
도로 재비산	35,314	8,075	22.9
건설공사	5,755	576	10.0
나대지	5,151	773	15.0
하역 및 야적	2	0.3	15.0
타이어 마모	1,399	979	69.9
브레이크 패드 마모	2,191	872	39.8
도로 표면 마모	1,333	720	54.0

#SDGs Goal 9. 산업, 혁신과 사회기반시설 - 회복력 있는 사회기반시설 구축, 포용적이고 지속가능한 산업화 증진과 혁신 도모
▶미세먼지의 발생원 중 타이어 마모를 줄이는 방법에 대해 찾아보자.
▶타이어 마모로 인한 미세먼지를 자연 모방 기술로 해결하기

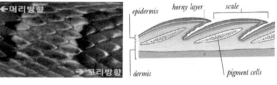

그림1. 뱀의 피부 확대 사진과 서식 장소별 뱀 피부의 확대 사진

그림 2 자동차 엔진 실린더   그림 3 실린더 안쪽 표면

▶미세먼지를 측정해 보자.

▶미세먼지 해결방안 찾기 - http://sciecne-on.kofac.re.kr

쌓기

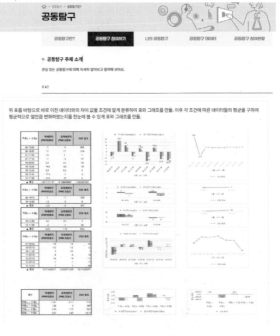

그림 6 미세먼지 측정 데이터를 활용한 지능형 과학실 ON 탑재 화면

다지기	대기오염은 이미 오래전부터 꾸준히 공론화되고 있는 심각한 환경문제이다. 급속한 도시화는 황사나 미세먼지 같은 대기오염을 발생시킬 뿐만 아니라 인체에 유해한 질병을 낳고, 오존층 파괴 역시 대기오염이 원인이 되어 지구 온난화를 야기한다. 대기오염으로 발생한 모든 문제는 결국 우리의 거주지를 위협하는 원인이 된다. 따라서 개인과 가정, 모든 사회 구성원들은 2030년까지 대기의 질과 도시에서 발생하는 폐기물 관리에 특별히 주의하면서 1인당 환경 영향을 감소해야 한다. □ 대기오염을 줄이기 위한 실천 사항 ▶가정에서는 철저한 분리수거를 통해 쓰레기가 소각되는 것을 방지해야 한다. 제대로 분리되지 않은 쓰레기들은 재활용이 되지 않아 다시 매립되거나 소각된다는 불편한 진실! ▶사용하지 않는 기기는 절전모드로 전환하여 불필요한 에너지 소모량을 줄인다. ▶한 가지 더, 대중교통을 이용하는 것은 대기오염을 방지하는 우리가 바로 할 수 있는 작은 실천이다!

수업의 주안점	학교는 학생들이 건강하게 성장하고 학습을 진행할 수 있는 안전한 장소여야 한다. 그러나 많은 학교에서는 공기질 문제로 인해 학생들의 건강과 학습에 부정적인 영향을 미치고 있다. 따라서 학교 공기질 측정은 매우 중요한 과제이다. 학교 공기질 측정은 학교 내부의 공기 중 미세먼지, 화학물질, 휘발성 유기화합물 등의 유해물질을 측정하여 학생들의 건강과 학습 환경을 평가하는 과정이다. 이를 통해 학교 내부의 공기질 문제를 발견하고 개선하는 데 도움이 되도록 한다.
SDGs 연계지점	#SDGs Goal 11. 지속가능한 도시와 공동체 - 포용적이고 안전하며 회복력 있고 지속가능한 도시와 주거지 조성 주거권에 대한 권리는 모두가 같다고 인정하면 세계시민으로서 어떤 역할을 해야 하는지 함께 토의하고 공유할 필요가 있다.

수업의 기대효과

학급별 대주제 선정: 학급별 협의를 거쳐 세계시민 요소를 반별로 1개 선정

학급 리더 교육: 학급별 리더들에게 굿네이버스 강사 SDGs 교육

세계시민 정책 포스터 전시회

과학축제 간이 공기청정기 만들기 부스 참여(위)와 동아리축제 SDGs 머그컵 만들기

세계시민 활동을 하면서 느낀 점

    이번 활동을 통해 처음으로 세계시민과 SDGs에 대해 듣고 알게 되었다. 다른 팀들은 진로가 비슷한 친구 두세 명이 모여 팀을 만들었는데, 우리 조는 진로가 다 다른 친구 여섯 명이 한 팀이 되었다. 서로 관심사와 희망하는 진로가 완전히 다르다 보니 처음에는 어떻게 시작해야 할지 고민이 있었다. 그러던 중 아이디어가 나온 것은 하나의 세계 문제에 대해 각자 다른 관점으로 분석하자는 것이었다.

    우리는 최근에 일어났던 러시아-우크라이나 전쟁에서도 마주할 수 있었던 난민문제를 선택했다. 그래서 경찰이 꿈인 예림이는 난민의 안전문제에 대해, 선생님이 꿈인 수연이는 난민 아이들의 교육문제에 대해, 식품영양 분야를 희망하는 시현이는 난민의 식량문제에 대해, 건축쪽을 희망하는 신영이는 난민의 거주문제에 대해, 그리고 영화와 영상에 관심이 있는 나는 난민에 대한 사람들의 무관심 문제에 대해 어느 정도 심각한지 조사하고 각자 해결방안을 마련했다.

    마무리를 하고 보니 여러 관점들이 하나가 되어 난민문제를 통합적으로 다루는 것이 잘 보여 뿌듯하고 좋았다. 솔직히 활동을 하면서 귀찮을 때도 있었고 대충 하고 싶다고 생각한 적도 있다. 활동을 시작하기 전에 봤던 세계시민 영상에서, '세계시민이란 지구라는 집을 사랑하고 그 집에 함께 살아가는 가족들이 겪는 어려움을 공감하고 더불어 살아가고자 노력하는 사람'이라고 했다. 나와는 상관없는 이야기 같아도 결국 나도 세계인으로서 그 문제에 책임과 관심을 가져야 할 의무가 있다는 것을 깨달았고, 다시 한 번 이 세상은 정말 넓다는 것을 느낄 수 있었다. 앞으로도 나의 자리에서 멈추지 말고 세상을 위해 봉사하는 사람이 되어야겠다.

학생들이 다양한 미세먼지 프로젝트 결과보고서를 제출했다. 귀납적 탐구 방법을 통해 데이터를 수집하고 수집한 데이터를 원인 분석하면서 미세먼지 발생원인과 미세먼지 감소를 위한 정책을 제안하였다. 미세먼지에 관한 정책뿐만 아니라 SDGs 관련 17가지에 대해 조사하고, 목표를 이루기 위한 정책을 제안하는 정책 제안 보고서를 제출하여 세계시민 정책콘서트를 개최하였다. 다양한 SDGs에 대해 분석하고 정책 제안을 담은 결과보고서를 제출한 학생들은 31개 팀 100명에 이른다. 이후 동아리에서 과학축제 부스를 운영하는 데 주제를 '간이 공기청정기 만들기'를 선정하고, 미세먼지에 관한 설명을 해주고 간이 공기청정기를 조립하는 체험 활동을 하였다. SDGs를 향해 함께 나아가자고 캠페인을 벌였다. 참 의미있는 활동이었다. 동아리축제에서는 SDGs 머그컵 만들기 활동을 하며 생소한 SDGs에 대해 안내했다. 세계시민으로서 유엔(UN)이 정한 목표를 이루기 위한 각오를 다지고 지속가능한 활동이 되도록 다짐했다.

나의 수업활동과 SDGs 17개 목표 매칭하기

	수업에서 교사가 의도한 SDGs	수업에서 학생들이 발견한 (찾아낸, 깨달은 등) SDGs
1. 미세먼지 수업	⑥ 물과 위생 ⑪ 지속가능한 도시와 공동체 ⑫ 책임감있는 소비와 생산 ⑨ 산업, 혁신과 사회기반시설	⑥ 물과 위생 ⑪ 지속가능한 도시와 공동체 ⑬ 기후변화 대응 ⑮ 육상 생태계
2. 세계시민정책 콘서트	④ 양질의 교육 ⑮ 육상 생태계 ⑯ 평화, 정의와 제도	⑪ 지속가능한 도시와 공동체 ⑮ 육상 생태계 ⑯ 평화, 정의와 제도
3. 과학축제 미세먼지 부스 운영	⑪ 지속가능한 도시와 공동체 ⑰ SDGs를 위한 파트너십	①~⑰번 모든 목표
4. 머그컵 만들기	⑪ 지속가능한 도시와 공동체 ⑧ 양질의 일자리와 경제성장 ⑯ 평화, 정의와 제도	①~⑰번 모든 목표

변화의 시작은 '우리' 동네부터

— 채민수 (초지고등학교 교사)

SDGs 익숙하면서도 익숙하지 않은 그 이름

지리의 여러 과목에는 지속가능한발전이란 개념이 학년마다 나온다. 구체적으로 지속가능한발전의 목표를 실제로 언급하는 성취기준만 10개가 넘고, 주요 단원의 내용인 경제, 도시, 인구, 공정무역, 평화 등과 같은 내용 요소만을 고려하였을 때, 지리만큼 SDGs 목표와 직접적인 관련이 있는 과목이 없다고 자부한다. 심지어 곧 도입될 2022 개정 교육과정에서는 SDGs가 고등학교에서 '기후변화와 지속 가능한 세계'라는 독립적인 과목으로 확대 운영될 예정이다.

그런데 이런 환경에서 나는 SDGs를 잘 가르치고 있을까? 정부의 공식 교육과정과 교과서에 따르면 누구보다 SDGs를 적극적으로 가르칠 수 있는 과목의 선생이고, 스스로도 SDGs를 잘 알고 있다고 생각했다. 그런데 연구모임에 들어오기 전의 나를 돌이켜보면 단연코 아니라고 할 수 있다. 솔직히 고등학교 2, 3학년의 한국지리, 세계지리는 수능 과목이다 보니 수능에 출제되는 내용과 출제되지 않는 내용을 명확하게 구분해서 가르치게 된다. 부끄럽지만 나도 다르지 않았던 거 같다. 처음에 SDGs 연구모임에 들어왔을 때도, 새로운 과목이 생긴다니 '그냥 한번 가보지'라고 생각하며 교사 연구모임

2015 개정교육과정의 지속가능한 발전 관련 성취목표

[9사(지리)06-03] 지속가능한 자원의 개발 사례를 조사하고, 그것의 긍정적·부정적 효과를 평가한다.

[9사(지리)10-01] 전 지구적인 차원에서 발생하는 기후 변화의 원인과 그에 따른 지역 변화를 조사하고, 이를 해결하기 위한 지역적·국제적 노력을 평가한다.

[9사(지리)10-02] 환경 문제를 유발하는 산업이 다른 국가로 이전한 사례를 조사하고, 해당 지역 환경에 미친 영향을 분석한다.

[9사(지리)10-03] 생활 속의 환경 이슈를 둘러싼 다양한 의견을 비교하고, 환경 이슈에 대한 자신의 의견을 제시한다.

[10통사09-02] 지구적 차원에서 사용 가능한 자원의 분포와 소비 실태를 파악하고, 지속가능한 발전을 위한 개인적 노력과 제도적 방안을 탐구한다.

[12한지03-03] 자연재해 및 기후 변화의 현상과 원인, 결과를 조사하고, 인간과 자연환경 간의 지속 가능한 관계에 대해 토론한다.

[12세지08-02] 지구적 환경 문제에 대처하기 위한 국제적 노력이나 생태 발자국, 가뭄지수 등의 지표들을 조사하고, 우리가 일상에서 실천할 수 있는 방안들을 제안한다.

[12세지08-03] 세계의 평화와 정의를 위한 지구촌의 주요 노력들을 조사하고, 이에 동참하기 위한 세계시민으로서의 바람직한 가치와 태도에 대해 토론한다.

[12여지02-02] 천연기념물, 국립공원, 남극 같은 지구환경의 다양성과 지속가능성을 위해 여행이 제한되고 있는 지역의 가치를 이해하고, 보존과 개발의 갈등 속에서 변화하고 있는 모습을 탐구한다.

[12여지02-05] 여행자에게는 의미 있는 경험이 되고 여행지 주민에게는 경제적 이익과 긍지, 지속가능한 개발이 된 사례를 찾아 분석한 뒤 우리 지역 여행 상품 개발에 적용한다.

에 참여했다.

교사 연구모임을 한 지 몇 개월이 지나지 않았지만, 현재 SDGs에 대한 나의 사고와 개념은 정말 달라졌다고 당당하게 말할 수 있다. 내가 생각하고 있던 것보다 SDGs는 더 확장력이 뛰어나고, 우리가 SDGs가 아니라고 생각했던 것들도 SDGs가 될 수 있다고 생각한다. 특히, 수능 과목이라고 생각했던 국어, 영어에서 SDGs를 열심히 적용하던 교사연구모임의 선생님들을 보며 매우 부끄러웠고, 충격을 받았었다. 하지만 그분들을 보면서 이런 것도 SDGs가 될 수 있다는 생각이 들었고, 오늘은 내가 지리수업에서 활용하던 SDGs를 한번 소개해보고자 한다.

왜 SDGs를 우리 동네에서 찾아야 하는가?

지리를 가르치면서 항상 고민하는 것은 어떤 스케일에서 아이들에게 수업을 진행할 것인가? 라는 질문이다. 과목의 특성상 국가 단위에서 교과서 내용이 적혀져 있기도 하고, 경기도, 경상남도와 같은 광역지방자치단체 수준에서 교과서 내용이 기술되어 있기도 하다. 교과서로 수업하면서 매번 드는 생각은 아이들이 살고 있는 지역과 다른 환경을 예시로 수업해야 하므로 '학생들에게 쉽게 이해시키기가 어렵다'라는 것이다. 예를 들어 우리 안산지역의 아이들에게 익숙한 포도는 대부 포도이지만, 교과서에서는 영천, 김천, 영동 포도만 언급할 뿐이다.

동시에 아이들은 내가 생각했던 것보다 더 우리 동네에 관심이 없었다. 학생들이 생각하는 우리 동네에 대한 정보는 자주 가는 가게에 대한 정보, 학원, 학교, 우리 집에 관한 정보 등이 전부이다. 학생들은 우리 동네에 어떤 지하철이 지나가는지, 어떤 역이 있는지, 시청이 어디 있는지 등에 대해서 모르는 경우가 많았다. 따라서 항상 학기 시작 전, 특히 수행평가와 활동형 수업을 고민할 때 '어떻게 우리 동네를 한 번이라도 조사하게 만들지?'가 목표가 되었다.

아직 스스로 '우리 동네'와 관련된 수업이 성공적이라고 평가할 수는 없지만, 적어도 SDGs에 이바지할 수 있는 수업 중 하나라고 평가할 수 있을 것 같다. 지리과에서 SDGs라는 개념은 2015 개정 교육과정의 세계 지리 8단원에 명확하게 이론적으로 포함되어 있고, 나는 항상 그 개념에 대해서 수업만 해왔다. 2022 개정 교육과정에서는 '기후변화와 지속 가능한 세계'라는 명칭의 정식 과목으로 확장되어 수업해야 한다. 이러한 국가교육 과정에서 제시하는 국가 단위의 SDGs에 반하여 나는 왜 '우리 동네'를 SDGs에 이바지할 수 있는 수업이라고 하는가?

그것은 결국 교육을 통해 지속가능발전이 가능하도록 바뀌어야 할 지역이 '동네' 혹은 '마을'이라는 범위이기 때문이다. 교과서에서 SDGs의 실현을 위해 언급하는 제3세계 노동자나 농장주의 노동권 보호를 위한 '공정무역', 국제 비정부기구의 활동, 기후변화 협약 등도 중요한 개념이지만, 진정한 의미의 변화를 위해서는 SDGs의 실현 공간이 지역사회 단위에서 시작되어야 한다고 생각한다. 우리 아이들이 커서 살아갈 공간에 관해 관심을 가지고, 우리 동네를 조금씩 변화시키는 행동이 '우리 동네 단위에서 이루어지는 SDGs의 실현'이라고 생각한다.

결론적으로 나는 교과와 상관없이 학교에서 이루어지는 '우리 동네'에 대한 정보탐색, 수집, 분석 등과 관련된 모든 수업이 지속가능발전을 위한 교육의 범주에 속한다고 생각한다. 결국 SDGs가 실현되어야 하는 가장 작은 단위가 우리 동네에 해당하기 때문이다. 그래서 이 짧은 글에서는 안산에 발령받고 2년 동안 학생들과 함께 우리 동네를 주제로 어떻게 공부하였는지를 공유해보려 한다.

우리동네 바로알기&소개하기 (2022학년도 한국지리)

나는 어느 지역에서 지리 혹은 사회를 가르치든 가장 먼저 우리 동네에 대한 지도를 그려보게 하는 활동을 한다. 가장 낮은 수준의 지역 교육으로 우리 동네에 대한 자료를 수집하는 것에 목적을 둔다. 한 지역의 주민으로 살기 위해 필요한 정보들에 대해서 학생들이 직접 찾아보고 이를 정리하는 활동이 지도 그리기 활동이다.

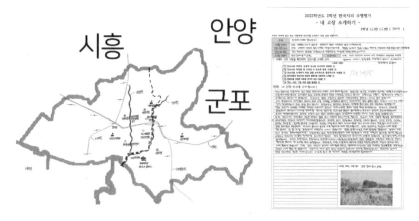

우리동네 바로알기 활동 결과물(왼쪽)과 내 고장 소개하기 활동 결과물

이와 관련하여 2022학년도에 한국지리를 가르치면서 가장 첫 번째로 했던 수행평가가 '우리동네 바로알기'라는 명칭의 활동형 수행평가이다. 학생들에게 행정 경계, 시청, 구청, 병원, 대학, 호수, 하천 등의 우리 동네 지리정보를 찾아서 지도에 표기하게 하여 우리 동네를 파악하게 하는 활동이다. 다만, 이 수행평가를 할 때 가장 경계했던 점이 아이들이 단순히 수행평가를 위해 지도를 무작정 암기하는 것이 아니었으면 했다. 또한, 아이들이 우리 동네에서 필요한 정보를 수집하는 방법을 학습하길 바랐기에 3차시에 걸쳐 태블릿을 활용하여 수업을 진행하였다.

1~2차시에는 내가 직접 태블릿을 활용하여 학생들과 질의응답식으로 '네이버지도'를 활용하며 각종 위치를 찾는 법을 보여주고 수업을 진행하였다. 아이들에게 암기에 대한 부담을 줄여주고자 수업 시작과 동시에 평가는 공용 태블릿이 1대씩 지급될 것이며, 지문에서 제시하는 각종 지리정보를 네이

버 지도에서 찾아 표기하는 것임을 가장 먼저 설명하고 수업을 진행하였다. 우리 동네를 살면서 필요한 정보를 찾고, 실제로 그 위치를 확인해보는 것이 이 활동의 목적이었기 때문이다. 이후 2차시에는 태블릿과 연습지를 가지고 학생들이 내가 생각했을 때 우리 동네 지도에 들어가야 할 내용을 직접 그려 보게 하였다. 이 단계에서 지도 표현에서 사용되는 각종 범례에 대해 사용할 수 있도록 안내를 진행했다.

3차시에는 최종적으로 학생들이 지문에 제시된 각종 인문·자연환경을 태블릿으로 찾고 직접 표기하게 하였다. 항상 이 수행평가를 하면서 뿌듯함을 느끼는 점은 지도를 잘 그리고, 못 그렸다는 차이는 분명히 존재하지만, 단 한 명의 학생도 백지를 내는 학생이 없다는 것이다. 다른 수행평가를 할 때 백지를 내는 학생이 꼭 1명 이상 있는데, 이 수행평가에서는 학생들이 자신이 아는 게 하나라도 나오기 때문에 어떻게든 표현하려고 하는 특징을 보인다.

우리 동네 지도 그리기는 가장 낮은 단계의 '우리 동네' 활동으로 이 수업이 끝나고 나면 곧바로 '내 고장 소개하기'라는 활동이 연달아 이어진다. 앞서 지도를 통해 해당 장소들의 위치를 확인해보았다면, 이 수행평가는 다른 동네에 살고 있는 친구들을 대상으로 우리 동네에서 내가 가장 좋아하는 장소를 소개하는 활동이다. 우리 동네 지도 그리기를 통해 위치를 확인했다고 하면, 내 고장 소개하기를 통해 우리 동네 각종 장소의 구체적인 정보를 수집하는 것이다.

내 고장을 소개하기 위한 글을 쓰려면 우리 동네의 위치, 인구, 관광지에 대한 정보 등을 조사해야 한다. 이 과정을 통해서 우리 동네에 대해 몰랐던 점을 깨닫길 바랐다. 대부분의 학생은 태블릿을 사용하여 자료를 조사했으며, 이 과정에서 가장 많이 활용된 사이트가 시청 홈페이지였다. 실제 처음으로 시청 홈페이지를 들어간 학생도 많았고, 이를 통해 새롭게 접한 관광지가 많아서 좋았다는 소감도 있었다.

이 두 가지 활동은 향후 2, 3학년 동안 진행될 지리수업에서 필요한 정보를 수집하는 방법을 습득하는 활동이라고 말할 수 있다. 교과서에 나와 있는 공간 정보, 속성 정보에 관한 내용을 학생들이 직접 태블릿으로 찾아보고, 이를 정리해 나가며 우리 동네에 어떠한 공간들이 있고, 이러한 공간들의 특징은 무엇인지를 조사하는 활동이다. 이 두 활동은 후술 될 지역문제 탐구보고서 작성하기 활동에 필요한 기초적인 활동이라고 할 수 있다.

지역문제 탐구보고서(2022학년도 한국지리)

지역문제 탐구보고서는 상위 차원의 활동으로, 앞선 두 활동을 통해 지리 정보의 수집방법에 대해 배운 학생들이 자신의 진로와 관련하여 지역 내에서 발견할 수 있는 문제를 생각해보는 수행평가이다. 이 수행평가는 학생들이 자신이 살고 있는 지역에 산재한 각종 문제를 시민의 일원으로서 찾아보고, 이를 생각해볼 수 있는 활동이다.

실제 학생들에게 처음 이 수행평가를 공지하였을 때, 학생 대부분이 우리 동네의 문제에 대해서 생각해본 적이 없어서 너무 어렵다는 반응이 주를 이뤘다. 따라서 원래 수행평가 일정에서 3주를 미뤄 학생들이 학교, 학원, 집을 다니는 와중에서 본인이 무의식적으로 느끼고 있던 불편함을 끄집어 낼 수 있도록 충분한 시간을 주어야 했다.

처음에 이 활동을 구조화 시키기 위해 고민한 것은 다음 페이지에 제시된 구조화 틀이었다. 대부분의 문제 탐구 보고서에서는 원인과 결과만을 중시하는 경향이 있었기에, 학생들이 좀 더 주민의 입장에서 지역의 문제에 대해서 접근해보길 바랐다. 그래서 탐구보고서 개요표에 문제가 발생할 때 원인, 영향을 작성하고, 그 영향을 받는 사람들에 대해서 종합적으로 고민해 볼 수 있게 '관련된 사람'이라는 측면을 고려해보도록 추가하여 제시하였다. 여기서 관련된 사람이란 시장, 구청장, 가게 사장, 시민 등이다. 이처럼 다양한 주체가 될 수 있음을 학생들이 깨닫길 바랐고, 이 문제를 해결하기 위한 방안을 고민해보길 기대했다.

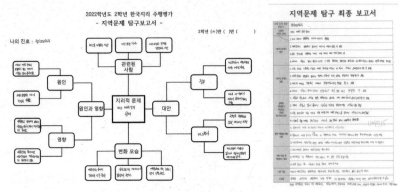

지역문제 탐구보고서

위에 제시된 사례는 정치외교학과를 지망하던 학생이 안산시 버스 배차 간격과 관련하여 문제제기를 한 내용이다. 해당 학생은 통학시간에 학교를 오기 위해 타야 할 77번 버스가 30분을 넘게 기다려도 오지 않고, 첫 버스가 도착한 이후 1분 간격으로 세 대가 연달아 오는 모습에서 아이디어를 얻어 문제 탐구를 실시했다. 실제 안산시 버스정류장에 표기된 버스 배차 간격과 운행 간격이 맞지 않는 이유를 찾아 이를 해결하기 위한 방안을 조사한 내용이다.

이 외에도 안산시 마케팅 활성화 방안, 체육시설 부족 문제, 전동퀵보드 주차 문제, 지역 신문 발간 유지 문제 등을 조사하여 문제를 제기하고 나름의 대안을 제시하였다. 물론 고등학생 수준에서 이루어진 탐구활동이기에 논리의 전개와 결론 부분에 있어서 비약도 있고 논리적 오류도 존재한다. 하지만, 학생들이 우리 동네를 다니면서 스스로 경험한 문제를 생각해보고 이를 해결하기 위한 대안을 생각해보는 계기가 되었다는 점에서 우리 지역을 바탕으로 한 지속가능한 발전의 시작이라고 생각된다. 결국 이 아이들이 커서 우리 동네에서 중요한 역할을 할 어른이 될 것이기 때문이다.

지역 속 진로 융합 배움터(2023학년도 학교자율교육과정)

마지막으로 소개하고 싶은 활동은 '지역 속 진로 융합 배움터'라는 주제로 학생들과 함께 지역 내 공간의 답사를 갔던 학교자율교육과정 활동이다. 최근 중학교에서는 자유학기제와 관련하여, 고등학교에서는 학교자율교육과정과 관련하여 다양한 활동을 진행하고 있다. 2023학년도에는 학교자율교육과정을 준비하며 학생들이 우리 동네에 나가서 존재하는 각종 문제나 특이점을 찾아보고 이를 자신만의 소책자로 만들어 보았으면 좋겠다고 생각했다.

특히 우리 안산시에는 원곡동 다문화특구가 있고, 이러한 다문화특구에 대한 부정적 인식이 많다. 따라서 2월 신학기 준비기간에 올해 학교자율교육과정을 설계하면서 다문화특구의 인식 변화를 위한 학생 활동을 진행했으면 좋겠다고 생각하게 되었다. 이 글을 읽는 많은 선생님이 예상하시겠지만, 학교 외 활동을 진행하는 데 많은 어려움이 존재한다. 야외활동을 위해 관리자를 설득하는 일, 학생들은 이동시킬 이동 수단을 확보하는 일, 참여하려는 학생들을 모집하는 일, 학부모 동의를 받는 일, 안전교육을 실시하는 일 등을 넘어서야 답사 활동을 진행할 수 있었다.

다행히도 우리 학교는 교장 선생님이 지리 교사 출신이셨기에 쉽게 관리자의 허락을 득할 수 있었다. 또한, 안산시에서는 관내 교육활동을 지원하여 학생 이동을 위해 매년 600대 이상의 버스를 지원하고 있어 이동에 관한 사항도 손쉽게 해결할 수 있었다. 학부모 동의서와 안전교육을 진행하고 실제 답사를 위한 활동지를 구성하게 되었다.

해당 활동은 고3 학생들을 대상으로 진행한 활동으로, 학생들이 자신이 진로에 맞추어 학교에서 지금까지 배웠던 모든 개념을 활용하여 지역 내 답사 장소를 조사하고 분석하는 활동이다. 활동지를 작성하는 칸에 진로, 탐구 주제, 동기, 내용, 관련 교과와 개념 등을 작성할 수 있도록 안내하였으며, 학생들에게 클립보드와 함께 A4 크기의 탐구활동지를 제공하였다.

솔직히 고3 정도 되는 수준이기에 학생들을 믿고 자율성을 대폭 부여하였다. 활동의 주제부터 탐구내용 모두 학생들이 스스로 정하고, 스스로 자료를 수집하는 방향으로 진행되었다. '의외로 못하면 어떻게 하지'라는 고민을 했었지만 대부분 진로가 결정된 친구들이라 자신있게 주제를 정하고 탐구활동을 수행하였다.

실제로 답사를 진행하는 과정에선 어려움이 더 많았다. 원래 같이 활동을 하려고 했던 단체가 다른 학교와 일정이 겹쳐서 함께 할 수 없어서 나와 동료선생님 단 두 명이서 활동을 진행해야 했다. 또, 장마기간이었기에 비가 너무 내려 활동 중간중간에 비를 피해 어딘가로 피신해야 하는 상황도 많이 발생했다. 하지만 이틀 동안 시행된 답사에 참여했던 학생들의 반응은 나쁘지 않았다. 시험 이후 지루한 학교 생활에서 벗어나 좋아하는 학생도, 점심을 밖에서 사먹어서 좋아하는 학생도, 우리 동네에 새로운 장소를 알게 돼 재밌었다는 학생도, 여자친구와 함께 신청하여 탐구를 빙자한 데이트를 한 학생도 있었다.

오픈 채팅을 이용한 답사 학생 관리

　활동 결과, 생각하지 못한 다양한 결과물이 도출되었다. 가장 기억에 남는 학생은 생명과학 진로를 희망하는 학생으로, 다문화특구에 존재하는 노점상들의 온도 조건에 따른 식품 부패 과정에 대해 조사한 학생이다. 노점상 앞에 하루 종일 앉아 매 시간별로 습도와 온도 조건을 측정하고, 해당 조건에서 식중독 발생 가능성을 계산하여 탐구보고서로 작성한 것은 대학교 과제로 제출해도 손색이 없었다. 이외에도 의류 쪽에 관심이 많은 학생은 다문화 거리의 의류 매장에 대한 보고서를, 디자인 계통에 관심이 많은 학생은 다문화 거리의 간판디자인 재구조화에 대한 보고서를 제출하였다.

　가볍게 보면 '그래서 이런 활동을 통해서 바뀌는 게 무엇인가?'라고 질문할 수도 있을 것이라 생각한다. 그저 밖에 나가서 학생들이 거리 구경하고 보고서 작성한 것이 전부라고 생각할 수도 있지만, 내가 생각하는 교육은 씨앗을 심어주는 것이라 생각한다. 결국 이날 답사를 한 학생들 중 일부는 서울이나 다른 지역에서 일자리를 구하고 안산을 떠나겠지만, 그중 일부는 안산에 남아서 지역의 일꾼으로서 자신의 삶을 살아갈 것이다.

나중에 어른이 되었을 때, '우리 동네에 이런 문제가 있었지?' 아니면 '우리 동네는 이런 특징이 있으니까 이걸 응용해서 새로운 가게를 열어볼까?' 등 학생들이 이 수업을 통해 좀 더 넓은 시각을 배우길 바랐던 것이 이 수업을 계획한 목적이다. 우리 동네에 인구, 다문화, 해양생태계, 물, 어떤 주제가 되어도 좋다. 결국 지속가능한 발전을 위해서는 우리 동네를 기반으로 우리 동네에서 살아가는 학생들이 변화해야 한다고 생각한다. 학생들이 이 활동을 통해 조금이나마 우리 동네를 살펴보고 변화된 삶을 살아보았으면 좋겠다.

결국 SDGs와 ESD교육은 우리 동네부터

위에 소개한 활동 이외에도 학교에서 '지리데이', '우리 동네 관광코스 만들기' 등의 활동을 추가로 시행하고 있다. 우리 동네 지도그리기, 내 고장 소개하기, 지역 문제 탐구보고서, 지역 속 융합 배움터 활동을 대표적으로 소개한 이유는 학생들이 우리 동네에 관한 내용을 중심으로 활동하기 때문이다. 사실 이 활동들의 궁극적 목표는 SDGs 4번에 해당한다. 양질의 교육을 통해 아이들이 미래 시민으로서 그 자질을 가졌으면 했기 때문이다.

해당 활동들은 SDGs를 중심으로 완벽하게 알맞게 한 활동들은 아니다. 하지만 학생들이 우리 지역의 문제를 생각하는 과정에서 SDGs에서 추구하는 17가지 문제와 관련 있는 주제들을 중심으로 활동을 진행하도록 했다. 결국 ESD 교육의 궁극적인 목표는 지역의 지속가능한 발전이라고 생각한다. 학생들은 학교에서 지속가능한 발전 교육을 통해 지역의 문제에 대해 자료를 찾고, 분석하고, 결론을 도출하는 과정을 연습함으로써 시민으로서 가져야 할 역량을 기를 수 있다.

나의 수업(혹은 내 수업활동)과 SDGs 17개 목표 매칭하기

	수업에서 교사가 의도한 SDGs	수업에서 학생들이 발견한 (찾아낸, 깨달은 등) SDGs
1. 우리동네 바로알기 &지역 소개하기	④ 양질의 교육 ⑨ 산업, 혁신과 인프라 ⑪ 지속가능한 도시와 공동체 ⑫ 지속 가능한 소비-생산	④ 양질의 교육 ⑨ 산업, 혁신과 인프라 ⑪ 지속가능한 도시와 공동체 ⑫ 지속 가능한 소비-생산 ⑭ 해양생태계 ⑮ 육상생태계
2. 지역문제 탐구하기	①~⑰번 모든 목표	①~⑰번 모든 목표
3. 지역 속 융합 배움터	①~⑰번 모든 목표	①~⑰번 모든 목표

지속가능발전을 위한 기술교사의 고군분투 이야기

— 이중철 (송호고등학교 교사)

내가 생각하는 SDGs: 'SDGs는 지구의 생일이다'

누구에게나 생일은 있다. 이 세상에 존재하는 모든 것은 태어난 순간이 반드시 있기 때문에 존재하는 것이다. 생일은 누구에게나 1년 중 가장 특별한 순간이 된다. 우리가 살고 있는 지구도 생일이 있을까? 지구의 생일을 축하해주고, 세상에 모든 사람이 지구를 위해 해줄 수 있는 선물을 찾는 그날 말이다. 지구의 탄생을 정확하게 창조론과 진화론의 입장에서 바라보자는 것이 아니다. 누군가에게 "지구의 생일은 언제일까요?"라는 질문을 받는다면 대부분 "지구에게 생일이?"라고 반문할 뿐 정확하게 답변하기는 어려울 것이다. 1년 중 정확하게 지구가 태어난 날을 정할 수 없기 때문이다. 저명한 학자들도 지구의 생일을 정확한 근거를 들어 설명할 수 없을 것이다.

나는 "지구의 생일은 1년 365일, 매일매일"이라고 생각한다. 언제 어디서나 지구를 축하하는 순간들이 사람마다 다르기 때문이다. 지구의 생일이 1년 내내라면, 각자 생각하는 지구의 생일을 축하해줘야 하지 않을까? 많은 사람이 『아낌없이 주는 나무』의 내용을 알고 있을 것이다. 나는 지구가 지금은 아낌없이 주는 나무라고 생각한다. 조상 대대로 내려오면서 삶의 터전을 만들어준 지구는 아낌없이 주는 나무처럼 우리 곁에서 항상 선물을 주고 있었다.

SDGs를 주변에서 실천하려면 '아낌 없이 주는 지구'를 위해, '1년 365일이 생일'인 지구에게 어떤 것을 선물할까를 고민해보는 것이 바로 그 시작점이다. 선물은 보통 상대방이 원하는 것을 주는 것이 가장 좋다. 주는 사람은 상대방이 선물을 받았을 때의 기분과 감정을 생각하면서 선물을 고르게 되고, 선물을 전해주었을 때 생각했던 반응이 나오면 선물한 사람도 기분이 좋아진다. 그렇다면 지구가 원하는 선물은 무엇일까? 그 지구가 원하는 모든 선물을 찾을 수 있는 선물가게가 바로 'SDGs'이다. 세상 모든 선물이 있는 곳이자 그 선물을 왜 하고 싶은지 이유를 찾게 되는 곳이고, 다음에는 '어떤 선물을 해볼까?'라는 고민을 해볼 수 있는 곳이기 때문이다.

사람이 살아가면서 지속가능한 성장과 발전을 위해서 필요한 것이 여러 가지가 있겠지만, 개인적인 이유와 주변 환경의 이유를 뛰어넘어 필요한 무언가가 있을 것이다. 이것은 보편적인 이유에서 시작하는 지속가능성이다. 빠르게 변화하는 세계에서 다양한 도전에 직면해 있는 인류에게 경제적인 불평등과 사회적 불평등, 그리고 지속적인 환경파괴가 일어나고 있다는 것을 모르는 사람은 없을 것이다. 요즘에 겪는 계절은 과거 내가 어릴 적 시절에 겪던 여름과 겨울과는 다른 양상을 경험하고 있다. 불과 30년 전에 느끼던 날씨와 지금의 날씨가 많은 차이를 보이는 것을 직접 경험하고 있는 인류의 한 존재로서 심각성을 느끼지 않을 수가 없었다.

교사로서 SDGs를 실천하는 방법을 모색하는 기회를 찾아야 한다는 것은 시대적인 흐름에 있어 당연하게 다가왔으나, 이것을 어떻게 표현할까에 대한 고민은 변화하는 시대를 겪는 사람으로서 더욱 깊어갔다. 고민은 해결이 되라고 있는 것인가? 송호고등학교는 지속가능발전을 위한 고민과 해답을 찾을 수 있는 최적의 장소였다.

"자신의 교과를 사랑하지 않는 교사는 없다"

고등학교에서 기술교사로서의 위치는 중학교에서 기술교사와는 많이 다름을 느낀다. 이것은 교육경력 20년 차를 바라보는 나에게 여전히 궁금중이고, 꼭 집어 이야기할 수 없는 우리나라의 문화(?)이자 시대적 배경(?) 때문이라고 말할 수밖에 없다. 교사가 되기 위해서는 교육학의 다양한 분야들과 전공 교과와의 결합을 통해 탄생한 교과교육학 원론을 반드시 배워야 한다. 교사가 되어 학생들에게 크나큰 것들을 심어줄 수 있다는 희망과 함께 사명감을 느끼게 해주는 부분이다. 교사 되기를 준비하는 과정과 나중에 교사가 되었을 때 자신의 교과를 어떻게 학생들에게 가르치고 좋아하게 할지, 그리고 평생교육에 있어 해당 교과가 반드시 필요한 이유를 고민하고, 학생들에게 평생 삶의 지식을 넘어선 지혜로 다가갈 수 있도록 국가 교육과정에 충실한 수업을 계획하고 준비한다. 특히 대한민국의 사회적 특수성이 반영되어 있는 입시의 선봉에 서 있는 고등학교에서는 더욱 교과의 중요성을 입시에 관련지어 생활하게 된다. 비록 학교마다 분위기는 다르겠지만, 입시 성적이 중요하지 않다고 이야기하는 고등학교는 하나도 없다고 느낄 만큼이다.

2022 개정 교육과정에서 본인 교과(기술)의 목표가 다음과 같이 설명되어 있으며, 영역별 핵심 개념 및 교과 역량을 그림으로 설명하고 있다(교육부 고시 제2022-33호).

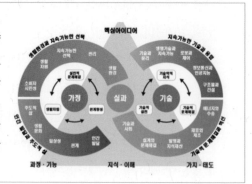

실과(기술·가정)에서는 교과 지식, 수행 역량, 가치 및 태도를 함양하여 생활 속 문제를 탐구하고 문제 해결의 결과가 개인과 사회에 미치는 영향을 인식하여, 가정생활, 기술 및 정보 소양을 바탕으로 주도적인 삶을 영위할 수 있도록 한다.

나도 한때는 나의 교과를 사랑했었다. 여기서 이야기하는 나의 교과는 원론적인 이야기이자, 순수한 학문으로서 그 자체 말이다. "교과를 사랑했었다"의 의미를 지금은 교과를 사랑하지 않는다는 의미로 해석하지 않기를 당부한다. 순수한 교과 지식 형태의 교육과정 의미들이 실생활에 적용되면서 변화했다. 교과의 원론적인 지식 형태에서 벗어나고 있었다는 의미로 해석해 주었으면 좋겠다. 내가 배웠을 때 교과의 의미와 수업, 그리고 지금 학교 현장에서 학생들과 호흡하면서 이루어지고 있는 교과의 의미와 수업이 수시로 변화하고, 매순간 변화한 내용을 적용하며 수업을 하고 있다. 더욱이 실천적 교과의 특성과 시대적 배경을 반영하여 변화하는 내용이 타 교과보다 빠르게 반영되기 때문에, 기술교사들은 마치 카멜레온처럼 언제 어디서나 어떤 상황에서나 빠르게 적응하고 적용해야 한다. 따라서 타 교과보다 높은 수준의 현실을 반영하고 수업에 적용하는 역량이 요구된다.

특히 기술교사에게 요구되는 교과적 역량에서 가장 중요한 것은 융합적 지식 역량(자신이 가르치는 교과의 내용과 다른 교과의 내용을 서로 연결시켜 사고할 수 있도록 학생들의 지식의 단어들을 서로 연결해주는 수업 역량)이라고 생각한다. 과거에는 학생들이 스스로 융합적 지식을 찾아야 했던 것에 비해서, 요즘 수업은 융합 형태의 수업을 준비하는 교사들이 학생들에게 안내자의 역할로 작용한다. 교사가 다른 교과의 내용적인 부분도 함께 연구하면서 수업을 준비하는 모습을 쉽게 볼 수 있다.

우리가 살아가고 있는 사회의 발전을 이야기할 때, 과학기술의 발전이라는 단어를 쓸 만큼 기술(Technology)은 우리의 삶과 밀접하게 연관되어 있다. 그러나 학생들의 생각은 교사의 생각과 다른 것을 많이 느낀다. 어떻게든 그 중요성을 알려주고 싶지만, 기술교과는 애매한 위치의 교과 포지션(과학교과와 정보교과 그 사이 어딘가 - 지극히 개인적인 생각이다)을 가지고 있어, 즐거운 수업을 하기 위해서는 자신만의 색을 가져야 한다.

그렇기에 교직을 시작하면서부터 다양한 교과와의 융합을 통한 배움이 있었고, 그 노력은 나 자신을 설명해주는 단어들이 될 수 있었으며, 현재까지도 배움을 놓지 않고 있다. 나의 자녀들에게 부끄럼 없는 아빠가 되고 싶었으며, 학교에선 누구보다 열심히 살고 있는 교사가 되고 싶었기에 현재까지 올 수 있었다.

송호고의 SDGs와 기술교과의 만남

현재 나는 안산 송호고등학교에 재직 중이다. 송호고등학교는 2023년도에는 교육부 지정 탄소중립중점학교로 지정되었다. 또 학생들과 교사들에게 미래 지속가능발전을 위한 교육목표의식을 심어주기 위한 학교장 (교장 황교선)의 개혁적인 의지와 다양한 학교의 정책들은 2021년

교육부 지정: 탄소중립중점학교(출처: 기호일보 2023.06.13)

도에 처음으로 이 학교에 오게 된 나에게는 새로운 모습이었다. 게다가 탄소중립전시관을 개설하여 학교에 오는 모든 분과 재학생들, 교직원들까지 앞으로 우리의 지구를 위해 스스로 어떤 실천을 할 수 있는지, 질문과 해답을 찾아줄 수 있도록 전시관이 1년 내내 개방되어 있다. 학교 건물뿐만이 아니라, 지속가능발전 학교 모델이 되기 위한 다양한 활동들을 설계하고, TF팀을 꾸려 선도학교들을 벤치마킹하여 빠른 시간 내에 학교에 적용할 수 있도록 협의체에 대한 적극적인 지원이 이루어지고 있다.

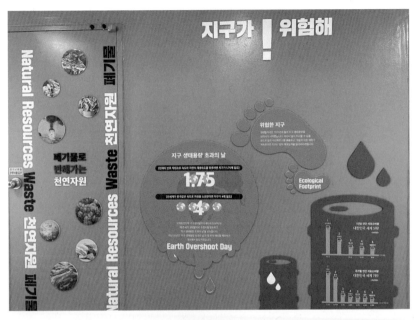

탄소중립전시관

대부분 외부 사람들이 송호고등학교에 와서 가장 많이 하는 말은 "식물이 이렇게 많아? 아이들은 좋겠다"이다. 교실에서 아이들이 식물과 함께 자라나고 있다. 보통 식물은 어른들만 기르는 것인 줄 알았다. 학교 근처 화원에 4계절 내내 다양한 식물들이 있지만, 큰 관심을 두지 않고 지나쳤다. 집 앞 베란다 창문을 통해 수백 그루의 나무들과 식물들을 보고 있지만, 내가 직접 식물을 키워봐야겠다는 생각은 못 하고 살아왔다. 그러나 송호고등학교에 와서는 교과적인 측면뿐만 아니라 식물과의 공존을 위해 식물 이름도 알아야 했고, 식물을 기르고 관리하는 법도 익혀야 했다. 교사의 의지가 클수록 학급에 자라나는 식물의 종류는 다양해지고, 식물을 대하는 학생들의 태도 또한 변한다. 학년에서 진행되는 창의적 체험 활동에서도 학생들이 '지속가능발전목표'라는 용어를 접하는 순간부터 실천으로까지 영역을 옮겨가는 활동이 수준 높게 이루어지고 있다. 1학년 때 부족했던 부분을 점차 보완하면

서 2학년, 3학년 때 다시 도전하고 진로와 연관지어 실천하는 학생들을 많이 볼 수 있다.

그저 식물은 농사의 일부로만 생각하던 나에게 송호고등학교에서의 재직 경험은 생각의 변화를 가져다 주었다. 한 해 동안 학생들과의 관계에서 교과 지식을 가르치는 것을 넘어서는 기회가 되었다. 모든 교사는 평생 학생들의 생각과 행동의 변화를 만들어주는 씨앗을 심어준다는 일념하에 움직인다. 다양한 식물들을 기르는 것은 학생들뿐 아니라, 교사들에게도 변화를 일으키고 있다. 만약 지속가능발전목표에 대해 교과별로 실천하고 학교에서 학생들에게 적용할 수 있는 프로그램을 고민하고 있다면 송호고등학교의 교육과정과 학생들의 활동을 경험해보라고 이야기하고 싶을 정도이다.

송호고등학교에서는 일찌감치 창의적 체험활동에서 SDGs의 13번째 목표인 "기후변화에 대응하기"를 실천하고 있었다. 게다가 고등학교 기술 교과서에는 지속가능발전에 대한 단원이 있다. SDGs를 향한 학생들의 다양한 활동

기후위기 콘서트(2021)(출처: 경기일보 2021.06.28.)

은 지속가능발전의 의미와 시작이다. 기술 교과과정이 지속가능발전목표를 다질 수 있는 동기부여가 될 것이라고 생각했다.

기술교과에 SDGs 녹이기

기술교과에서는 지속가능발전을 다루면서 기술 개발이 인간 삶의 변화에 미치는 변화를 예측하고, 지속가능한 발전 방향을 실천할 수 있는 기술적 문제 해결 능력과 활용 능력을 기른다는 목표 아래 수업과 활동을 진행했다. 더군다나 교육과정 내 해당 단원이 있기에 지속가능발전에 대한 이야기를 학생들에게 쉽게 꺼낼 수 있었다. 평가를 통해 학생들의 생각을 들어보고, 배경에 대한 충분한 지식을 함양하고 목표 의식을 높일 수 있었다. 교육과정 내에 지속가능발전을 포함되어, 가르치는 수업 내용과 사회적 이슈의 결합 부분에서 다른 교과 선생님보다는 고민과 걱정이 덜했다. 또 학생들에게도 SDGs를 자연스럽게 언급할 수 있었다.

기술교과에서 SDGs는 지속가능발전의 내용을 먼저 이해하고, 지속가능발전목표에 대한 이해를 통해 실천 요소를 탐색하는 기회를 가진다. 이 실천 요소는 모둠별 혹은 개인별 창의 주제와 연결지었으며, 이후 평가 과정을 통해 학생들에게 지속가능발전이라는 용어가 자연스럽게 익숙해지는 과정을 거치고 있다.

좀 더 지속적으로 해당 내용을 알려주고 싶어 최신 기술과 결합하여 수업을 구성하였다. 학생들이 메타버스 공간에서 활동하도록 구성하였다. 지속가능한 발전이라는 주제로 수업 내용 영상을 촬영하였으며, 촬영된 영상을 메타버스 공간에 삽입하였다. 학생들은 자신만의 캐릭터를 제작하여 게임의 요소를 결합한 장소에서 움직인다. 지속가능발전, 지속가능발전목표, 지속가능발전의 환경적, 사회적, 제도적 분석까지 메타버스 공간에서 깊이 있는 학습이 진행된다. 지속가능발전과 내용 요소와 결합한 '핵심 아이디어 제안 과정'에서 학생들에게 "적정기술"에 대한 내용적 접근이 이루어질 수 있도록 했다. 적정기술의 정의와 특징에 대해 살펴보고 다양한 종류에 대해 각자 자료를 찾아 정리해보는 시간을 가졌다. 새로운 제품을 구상하고, 이를 "기업가정신"과 결합하는 과정도 있었다.

메타버스를 수업에 적용하면 학생들의 수업 참여는 자연스럽게 좋아진다. 그러나 그것이 오래가지 않는다. 학생들의 수업 태도가 금방 변하기 때문이다. 메타버스를 길게 적용하지 않아야 하는 이유가 여기에 있다. 학생들은 메타버스 환경에 접속하기 위해 스마트 단말기를 사용하게 되는데, 스마트 단말기를 수업 중에 활용할 경우 고려해야 할 요소들이 많다. 장점도 많지만, 단점도 함께 가지고 있기 때문에 스마트기기는 학생들의 흥미도를 고려하여 짧게 적용하는 것이 좋다. 길게 적용하면 교사가 의도하는 수업의 본질을 벗어날 확률이 높아진다.

메타버스 공간에 지속가능발전에 대한 내용을 넣고, 퀴즈를 풀어 차시를 마무리하는 형태로 제작하였다. 중요한 내용을 다운받을 수 있도록 문서 형

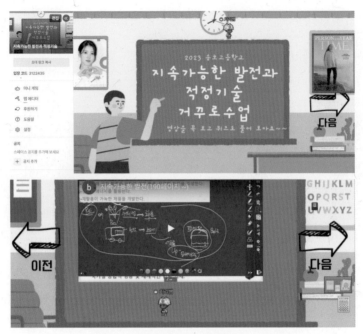

메타버스 수업 모습

태로도 작성을 해두었으며, 해당 메타버스 공간에는 언제나 접속 가능하도록 QR코드를 활용하여 학생들에게 제공하였다.

평가의 시기가 되면 학생들이 다시 접속하여 내용을 살펴보는 경우들이 많이 있었다. 학생들은 자신만의 아바타 캐릭터를 활용하여 수업에 참여하기 때문에 더 적극적인 모습을 보여주었다.

다른 시간에서는 교과와 학생들의 창의 주제 활동을 연계하여 수업에 적용해 보았다. 창의주제 활동 주제를 정한 뒤, 계획서를 작성하고, 실천 활동을 하는 시간을 정하고 팀별 필요한 준비물을 챙겼다. 다른 학급의 활동을 쉽게 확인할 수 있는 별도의 장소를 만들어 학생들에게 제공하였는데, 이때 패들렛과 퀴즈앤 보드(온라인 협업 자료 공유 공간)를 사용했다. 이 앱들은 보드 형태로 누구나 쉽게 접근하여 글을 작성할 수 있다. 자신의 생각을 표현하고

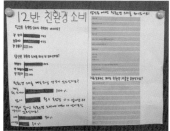

학생들의 창의주제 활동

다른 사람들과 정보를 교류하기 쉽기 때문에 많은 교사가 사용하고 있다. 학생들의 자료를 한곳에 정리하는 것만으로도 자료로서 충분한 가치를 지니며, 처음 접하는 학생들에게도 충분한 가이드가 된다.

2021년부터 2022년까지 2년간은 적정기술을 주제로 교과서에 나와 있는 내용이 아닌 아이디어 제품들에 대해 살펴보는 시간을 가졌다. 자료 조사에서 끝내는 것이 아니라, 다른 적정기술의 특징과 비교를 통해 자신의 아이디어 제품이 왜 적정기술인가 고민해보고, 발표해보는 시간을 가졌다. 발표자료는 온라인 플랫폼으로 작성하도록 하고, 사용방법에 대해 안내하였다. 발표자료 제작에서 가장 힘든 부분은 바로 역할 분담이다. 모든 팀원

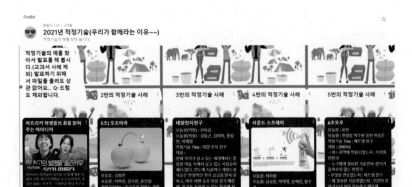

2021년도 적정기술의 이해

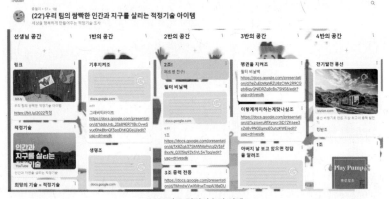

2022년도 적정기술의 이해

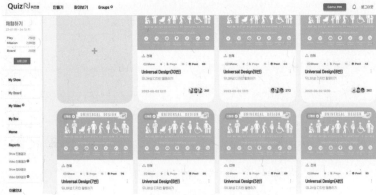

2023년도 유니버셜디자인의 이해

이 각자의 발표 부분을 작성한 뒤 취합하기 위해서는 온라인 프레젠테이션 도구가 필요하기 때문에 학생들에게 사용법을 가르치고 발표자료를 제작하도록 하였다.

2023년도에는 지속가능발전목표를 실천하기 위해 사회적 불평등 해소를 주제로 정했다. 그래서 선정된 수업 주제가 '유니버설 디자인'이다. 이는 지속가능발전목표의 ③건강과 복지, ⑤성평등 달성, ⑧좋은 일자리와 경제성장, ⑩불평등 해소와 관련이 깊다. 학생들은 모둠을 구성하여 유니버설 디자인 아이디어 상품을 제안해보는 활동을 진행하였다. 언제나 수업 마무리는 발표였다. 자신의 모둠에서 고민하고 생각했던 제품에 대한 아이디어를 다른 사람들에게 발표하고, 질의응답하는 과정을 통해 부족한 점을 찾고 개선할 수 있다.

이러한 경험들은 학생들이 단순한 이론적 지식을 넘어 현실적인 문제에 대한 실질적인 고민을 하면서 해결방법을 찾고, 자신의 진로 속에서 대응 능력을 기를 수 있는 바탕이 된다. 실천은 평가의 요소가 아니지만, 학생들은 그

유니버설 디자인 발표 모습(2023년)

어느 때보다 최선을 다해 참여하고, 서로 격려한다. 학생들이 얻은 깊은 이해와 배움, 창의적 솔루션을 찾기 위한 노력과 결실은 더 나은 세상을 꿈꾸는 작은 움직임이다. 해당 수업을 통해 학생들은 세상에서 함께하는 역할의 중요성을 이해하고, 지속가능발전목표에 한 걸음 더 다가가기를 희망한다.

지속가능발전의 적용

지속가능발전목표를 교육과정에 적용하고, 관련 활동을 교내뿐 아니라 외부로 확장시켜 나갔다. 2020년 '탄소 배출을 줄여야 한다'는 내용을 시작으로 해당 활동에 참여하는 많은 교사와 학생들에게 지속가능발전을 고민해 보고, 앞으로 성장할 수 있는 요소를 탐색하는 기회를 스스로 가질 수 있도록 하였다. 해당 활동을 통해 매년 2천여 명 이상의 경기도 학생들과 수백 명의 교사가 지속가능발전이라는 용어를 접하고 있다. 활동을 준비하면서 사회적 이슈들에 대해서도 관심을 가질 수 있었다. 세계적인 이슈를 풀어나가는 학생들의 다양한 해결방법과 정책 연구, 지도교사들의 성장이 시간이 지날수록 깊어지고 있음을 느낄 수 있었다.

연말에 학생들의 수업평가 설문을 보면, 80% 이상의 학생이 '지속가능발전'에 대해 기억하고 있다고 응답하였다(2021~2023년도 학생 수업평가 설문). 특히 수행평가를 논술형으로 출제하였더니, 학생들은 이론적인 내용 속에서 자신의 생각을 정리하고, 본인이 실천할 수 있는 요소들을 찾아 실천 사례를 만들어 갔다. 행동적인 변화와 더불어 접근 태도 역시 많이 달라졌다. 학생들은 이미 다양한 미디어를 통해 지속가능발전에 대해 인지하고 있었다. 송호고등학교라는 비옥한 토양 아래 다양한 교과 교사들이 지속가능발전을 주제로 교육과정을 운영했고, 학생들은 그 뜻에 따라 적극적으로 활동할 수 있었다.

연구회 활동의 시작

2023년 안산시지속가능발전협의회 교사위원 3인 중에 한 명이 되었다. 이를 계기로 나의 지속가능발전 교 수업을 다른 선생님들과 나누는 기회를 만들었다. 교사 연수를 준비하면서 지속가능발전목표와 학교에 적용하는 지속가능발전교육과의 차이를 명확히 알게 되었다. 연수에 참가한 한 선생님의 이야기가 아직도 기억에 남는다. "지속가능발전을 위해 모든 활동이 환경에 초점을 맞추고 있다. 그 이상의 것들이 학교에서 이루어지면 좋겠다"라고 하는 이야기에 뜨끔했던 기억이 있다. 환경 문제도 중요한 문제이지만, 지속가능발전은 다양한 측면에서 해석할 수 있고, 학생들과 고민의 기회를 가져야 하는데, 그저 단순한 '환경 보호'만을 강조하는 것이 아닌가 생각이 들었다. 연수를 진행하는 강사이지만, 나 역시 연수를 통해 배우고 있다. 그래서 연구회 활동의 더욱 의미가 있다고 본다.

기술교사로서 연구회 활동에서 다른 선생님들에게 말하고 싶었던 것은 우리의 모든 고민과 학교에서의 실천이 지속가능한 발전과 관계가 있다는 것이다. 이 관계를 찾아 의미를 부여함으로써 현장 교사들의 자긍심을 북돋고 싶다. 그동안 자신이 해왔던 수업이 지속가능발전 수업이라는 것을 새롭게 알게 된 순간, 새로운 수업 목표들이 생긴다. 연구회 활동을 통해 지속가능발전의 요소에 맞춘 기술교과의 해석에 대해 이야기할 수 있어서 좋았다. 지속가능발전의 메카로 비춰지는 송호고등학교에 대해 알릴 수 있어 더욱 좋은 순간이다.

앞으로의 계획

지난 4년간 학교에서 에듀테크가 많이 확대가 되었다고 생각한다. 교사로서 당연히 배워야 했고, 학생들의 수업 참여를 높이기 위해 많이 사용되었다.

코로나19 이후 나는 다른 사람들보다 에듀테크 도구를 더 많이 사용하고, 안내자료를 제작하고 연수를 진행했다. 각 교과 특성에 맞는 적절한 도구를 찾는 것이 제일 중요하다.

최근 경기도교육청에서는 창업교육을 활성화하고 있다. 이에 참여하면서 창업교육에도 지속가능발전 요소를 연관시켜 수업하는 것을 고민하고 있다. 현실에 대한 정확한 판단을 통해 미래를 계획하는 과정은 학생에게 있어서 개인적인 성장을 도모할 수 있다. 이와 더불어 지속가능성을 고려한 좋은 아이디어 제품으로 창업할 수 있다면 사회적이나 국가적, 세계적 가치를 만들어낼 수 있을 것이다. 향후 몇년 간 창업교육은 사회, 기술 교과의 '기업가 정신'이라는 측면에서 지속가능발전의 목표 아래 교육과정이 계획되고 구체적인 사례를 만들어나갈 것이다. "이미 많은 것을 하고 있다"가 아니라 "아직 못한 것이 많다"라는 생각으로 앞으로 해야 할 것들에 대해 고민할 것이다.

나의 수업은 해야 할 것들을 전달해주는 수업이 아니다. 질문을 던지는 수업이다. 질문을 던지면 학생들 스스로 해당 질문에 대한 답을 찾기 위해 노력하는 과정에서 가치관이 변화되고, 해야 할 과제와 새로운 것을 찾아낸다. 학교 수업이 지속가능발전목표를 접목시킨 교육과정 속에서 이뤄진다면, 우리 사회 많은 사람이 변화하고 실천하는 날이 반드시 올 것이라고 생각한다. 우리의 무의식적인 행동에는 선한 의지와 지구에게 주는 선물, 그 진심이 담겨 있다.

SDGs가 17가지이어야 하는 이유

— 정수희 (안산국제비즈니스고등학교 교사)

나는 어떤 교사일까

나는 교직 경력 4년차로 특성화고등학교에서 상업계열 교과를 가르치는 교사이다. 상업 교과목은 회계, 창업, 인사 등 굉장히 폭넓은 이론이다. 그 폭넓은 이론 속에서 2023년 쇼핑몰 사이트 기획, 구축, 판매관리를 가르치는 전자상거래 실무 수업을 맡았다.

전자상거래 실무 교과를 가르치면서 학생들이 취업을 준비할 때 다양한 플랫폼을 활용할 수 있도록 창의 융합 수업을 하는 것이 수업의 목적이었다. NCS 교과목으로 학생이 주도적으로 수업을 이끌어나갈 수 있도록 모든 학습목표를 변형했다. 학생들에게 전달하고자 하는 수업 목표가 생기면 언제든지 변형 가능한 학습목표로 유연성 있는 수업을 진행하고 싶었다. 그래서 재미있고 다양한 수업 사례를 적용하고 싶었다.

교사를 꿈꾸면서 어디선가 융합수업 사례 관련 다큐멘터리를 본 적이 다.[*] 〈핀란드-움직이는 학교의 수학과 체육 융합 수업〉이었는데, 백단위, 십단위, 일단위의 학생들을 배정하여 더해서 하나의 숫자를 완성하는 수업이

---

[*] 〈수업을 바꿔라〉 방송본 https://www.youtube.com/watch?v=VCB2v5OAcAo.

었다. 학생들의 협동심도 기르면서 수학과 체육 교과 이론을 함께 학습한다는 점이 가장 깊게 감명받은 부분이었다. 나는 이와 같이 모든 학생들이 재밌게 참여할 수 있는 독창적인 수업을 진행할 수 있을까, 라는 생각을 하며 매일 고민하기만 바빴던 것 같다. 이미 유명한 훌륭한 수업 사례들을 본받아 나의 수업에 적용하려고 노력했던 한 해였다.

SDGs를 처음 접하게 된 계기

쇼핑몰제작과라는 학과부에서 담임과 창업교육 업무를 맡으면서 교과와 창업교육을 연계시키고자 했다. 학생들의 창업교육을 위해 다양한 연수가 시행되고 있었고 모두 참여하려고 노력했다. 무엇이든 참가하고 도전해보려고 했던 것 같다. 처음 SDGs 연수를 신청하였을 때는 SDGs라는 용어가 한 번의 연수를 위해 만들어진 이니셜이라고 생각했다. 강의를 들으면서 2030년까지의 공동목표임을 알았고, 연수를 처음 듣던 날 17가지 공동목표를 모두 암기했다. '17가지를 모두 알면 달라지는 게 있을까'라는 생각이 들었다.

내가 생각하는 SDGs 공동목표는 결국 17번째 국가적 파트너십을 위해 16가지 지속가능한 발전 목표를 모두 실천해야 한다는 것이다. 또한 17가지 목표 모두 전 세계적으로 최우선으로 실천해야 하는 목표라는것을 깨달았다. 나는 교사로서 이것을 흥미로운 방법으로 가르쳐보고 싶다는 다짐을 했다. SDGs를 접한 초창기에는 17가지 공동목표들을 17번째 파트너십으로 연결시켰다. 모든 환경, 경제 문제를 해결하기 위한 목표들은 세계 시민으로서 자아 성장과 파트너십의 성장을 위해서 존재한다고 생각하였다.

연수를 마친 후, 포털 사이트에 SDGs를 검색해보면서 나는 왜 이 용어를 처음 들었을까 생각해보았다. 포털 사이트에 SDGs를 입력하면 뒤로 일본어로된 제목들과 논문들이 다수이다. SDGs 마크가 아직 대한민국보다는 일본에 더 자주 보인다는 것을 알게 되었다. 그 이유는 갑작스럽게 경제 성장을 이루었던 대한민국 특성상 한국인들은 급격한 발전 결과가 나타나는 것에 더욱 흥미를 보이기 때문이다. 그렇다면 'SDGs를 통해 급격한 발전의 결과 수치가 나오면 되는 것이 아닐까'라는 생각을 갖게 되었다. 전세계적으로 달성 목표 수치를 측정할 수 있는 기준안이 나오면 좋겠다는 생각과 함께, 기준치를 내가 정하자는 마음가짐을 갖게 되었다.

내가 생각하는 지속가능한 발전이란

내가 생각했던 SDGs는 전세계 인류가 평화롭게 함께 살아가는 공동체를 구성하기 위해 17가지 공동목표를 꾸준히 달성해야 한다는 것이다. 심지어 교사로서 경제 활동을 하고, 학생들이 사회에 나가서 꾸준한 경제활동을 할 수 있도록 지원해주는 것 자체가 이미 SDGs를 충분히 실천하고 있는 것이라는 자기중심적 생각을 갖기도 했다.

이 과정에서 나는 교사로서 학생들을 가르치고 양성한다는 것에 대한 자부심이 생겼다. 항상 연구회에서 다양한 교육의 사례를 들을 때마다 '학생들에게 교육하는 것은 이렇게 하는 것이구나'라는 것을 깨달으며 반성의 시간을 갖곤 했다. 내가 학생들을 위해 수업을 연구하고 노력하고 싶지 않다는 마음이 들 때 교사라는 직업을 그만두어야겠다는 극단적인 고민도 하곤 했다.

즉, SDGs 연구회가 교사로서의 인성적 자질을 한층 성숙시켰다는 생각이 든다. 단순히 학생들에게 어떤 교육과정을 연계할지 고민하기보다는 교사로서 학생들에게 SDGs 공동목표를 심어주어야 한다는 의무감을 가지며 나 자신이 성장했다. 여러 훌륭하신 선생님들의 수업 사례 이야기를 듣고, 나는 지금 무엇을 하고 있는 것일까, 교사로서 나는 어떤 강점을 가진 사람일까, 학생들에게 나는 무엇일까, 생각하면서 자존감이 떨어지고 숨고 싶은 마음도 들었지만, 곧 경험이 없는 만큼 배우고 최선을 다해야겠다는 자신감을 얻기도 했다. 여러 감정이 스쳤다. 자신감을 갖고 내가 1년간 했던 수업을 SDGs와 연계해 보기도 했고, SDGs를 교육과정에 연계해 보려고도 했다.

담임교사로서 1년간 수업하면서 적어도 우리 학급 학생들 20명은 SDGs를 인식하고 있을 것이라 생각했다. 1년간 나의 교육활동으로 인해 수업을 들은 학생 약 60명이 SDGs를 인지했다. 그 학생들이 SDGs와 연관된 다양한 프로그램에 참여한다면 60의 제곱으로 빠른 시간 내 SDGs를 더욱 널리 알릴 것이다. 2023년 초기에는 SDGs 검색 이미지 개수와 종류가 적었지만, 2023년 말 훨씬 다양한 사례가 많이 등장하기 시작했다. 나는 SDGs를 어느 누구나 홍보하고, 일상생활에 적용할 수 있는 삶의 일부가 될 수 있다고 생각한다.

교육과정 연계 사례 시도-성공 or 실패-그 어떤 것도 실패라고 할 수 없다

SDGs를 수업과 연계해서 학생들에게 알리기 위해 수업지도안을 구성했다.* 가장 중요하게 생각했던 점은 창업부스를 운영하는 것도, 17가지 공동목표를 모두 연결시키는 것도 아니었다. 모든 공동목표와 학생들의 교육 방향이 17번째 공동목표**로 연결되는 것이 중요했다. 수업을 하는 과정 내 내 학생들이 모두 파트너십을 활용하여 각자 갖고 있는 교육 목표에 도달하고자 했다.

창업부스를 운영할 때, 이후 수익금을 기부하고자 할 때도 학생들에게 한 가지만 설명했다. "우리 모두는 하나야. 우리가 이루어낸 수익금을 지역사회를 위해 기부하자." 다행히 전자상거래실무 수업을 듣는 40명의 모든 학생이 불만없이 본인들의 수익금을 안산동 마을주민자치센터에 기부하였다. 총 77

---

* 161쪽 SDGs 연계 ncs전자상거래실무 지도안 참고.

** SDGs 17번 목표 'partnerships for the goals'.

만 원의 수익금이 발생했다.

수익금이 발생했고 학생들이 간접적으로 기업의 사회적 책임을 느낄 수 있도록 했기 때문에 이 교육과정 연계는 성공이라고 생각했다. 수업 활동 진행 4개월 후 학생들이 창업부스 피드백 관련 발표를 했다. 40명의 학생 중 단 5명만이 SDGs 공동목표의 17번째를 기억했다. 나머지 35명은 각기 다른 나머지 16가지 공동목표만을 기억해냈다.

그렇다면 나의 교육과정 연계 수업은 실패한 것일까? 나의 목표는 17번째였지만 학생들의 목표는 각기 달랐던 것이었다. 나의 주관적인 SDGs 공동목표를 학생들에게 강요하기보다 학생들이 17가지 공동목표 중 자신이 이루고자 하는 목표를 선택할 수 있도록 안내했어야 했다.

모든 40명이 SDGs를 기억하지는 못할 것이다. 하지만 나의 교육 활동 내에서 단 한 명의 학생이라도 SDGs를 기억하고 활용하고 실천한다면 그것 또한 성공이다. 적어도 1년간 나의 작은 교육활동은 100명에게 SDGs를 접할 수 있도록 했을 것이다. 학생들이 SDGs를 가장 먼저 인식하고 자신의 경제 활동을 하는 직장 내에서 적용하여 그 직장 내에서도 SDGs가 실천되기를 기대한다. 나는 교사로서 학생들에게 SDGs를 알렸기에, 그 학생들은 사회에 나가 SDGs를 활용할 수 있는 직장인이 되기를 희망한다.

처음 SDGs 연계 수업은 SDGs 이론에 대해 학생들에게 설명하는 것이었다. 이후 1)전자상거래실무 수업 활동 2)교과연계 창업부스 운영 3)부스 운영 피드백 발표, 세 가지에 초점을 두고 수업이 이루어졌다.

1) 전자상거래실무 수업 활동

다음 수업지도안에서 보다시피 이론 위주로 수업을 진행했다. 원래 그 수업의 목적은 학생들이 사회에 나가 다양한 플랫폼을 활용할 수 있게끔 하는 것이다. 각 경제활동을 할 때 학생들이 다양한 사례를 알고 직접 경제 성장을 일으킬 수 있는 당사자가 되는 것이 주된 목적이었다. SDGs 17가지를 설명하고, 17가지 중에 어떤 목표가 가장 중요하다고 생각하는지, 어떤 목표를 전자상거래실무 수업을 통해 달성할 수 있을 것이라고 생각하는지에 대해 활동지를 작성해보는 수업을 진행했다.

내가 연계하고자 했던 공동 목표는 ⑦번, ⑨번, ⑪번, ⑫번, ⑰번이었다.

- ⑦ 지속가능한 현대적인 에너지: 자신의 사업 아이템을 구상하면서 현대적인 에너지를 개발할 상품이 나올 것이다.
- ⑨ 산업화 증진: 각자의 사업으로 산업화 증진이 기대된다.
- ⑪ 지속가능한 도시와 공동체: 팀별 프로젝트를 통해 공동체 역량을 기르고 도시 공동체를 형성할 것으로 기대된다.

- ⑫ 지속가능한 소비와 생산: 소비와 생산의 주체가 되는 기업의 형성을 우선시한다.
- ⑰ 파트너십: 세계적으로 발전하여 전세계를 연결하는 세계시민으로서 활동한다.

나는 위와 같은 총 다섯 가지 중심으로 이론 수업을 진행했고, 학생들의 활동지 답변은 ①~⑰번까지 모두 존재했다. 각자 자신들이 구성하고자 하는 사업 아이템이 17가지 지속가능발전목표와 모두 연계됨을 깨닫는 수업이었다.

ncs전자상거래실무 지도안

교과	ncs전자상거래실무		학년	3	작성자	정수회
단원명	판매관리				차시	40차시
학습목표	SDGs 요소와 연계된 아이템을 창업하고 관련 쇼핑몰 사이트를 제작하여 지역 주민과 소비자들에게 판매할 수 있다.					
성취기준	임대형 쇼핑몰 사이트를 활용하여 쇼핑몰 사이드를 제작하고 SDGs 관련 요소들을 포함한 광고 및 마케팅 포스터를 소비자들에게 전달할 수 있다.					
수업 계획	열기	SDGs 17가지 요소와 관련된 영상들과 이론들을 설명한다. Ice breaking을 통해 학생들이 SDGs에 관심을 가질 수 있도록 유도한다. ex) 17가지 요소를 연관시켜 하나의 스토리를 만들기				
	쌓기	기업가정신을 기반으로 창업 아이템을 구상하고 SDGs와 연계하여 자신만의 독창적인 아이템을 기획하도록 유도한다. 창업 아이템 관련 쇼핑몰 사이트를 제작하고 SDGs를 소개할 수 있는 광고 팝업을 제작하여 등록한다.				
	다지기	실제 창업 아이템을 기부를 목적으로 지역 주민들에게 판매하고 실천하고 있는 SDGs 요소들을 인지하고 작성하도록 한다. 판매를 하면서 관련 요소들을 소비자들에게 전달하여 SDGs 실천 가능한 물품으로 홍보한다.				
수업의 주안점	교과연계 과정에서는 학생들의 학습 목표 달성을 위해 이론과 실무의 적절한 조합으로 수업을 진행한다. SDGs의 하나의 요소에 중점을 두는 것이 아닌 17가지 요소를 통합적으로 학생들이 인지하고 학습할 수 있도록 한다.					
SDGs 연계지점	17개 모두 연계지점이나 17번째 파트너십은 세계적으로 나아가는 학생들의 교육을 통해 더욱더 글로벌한 인재를 육성해 나가는 연계지점이다.					
수업의 기대효과	제작된 전자상거래상의 쇼핑몰 사이트를 통해 지역 주민들과 학생들이 소통할 수 있다. 학생들이 창업한 아이템의 판매와 수익금 기부를 통해 지역 주민들과의 공동체를 형성하고 불우한 이웃을 위한 봉사정신을 기를 수 있다.					

2) 교과연계 창업부스 운영

나는 SDGs를 연계해 보려면 학생들이 직접 경험하는 활동주의 체험을 해야 한다고 생각했다. 〈전자상거래실무〉 교과수업을 통해 학생들에게 창업교육을 진행했고, 직접 창업부스를 운영해보게 했다. 그 수업 속에서 학생들은 경제를 배웠고, 환경을 생각하며 비닐이 아닌 종이 포장지를 이용하기도 했다.

학생들이 이론수업을 바탕으로 그동안 자신들의 사업 아이템을 구상하여 판매 아이템을 만들어 각각 자신만의 쇼핑몰 사이트를 제작하였다. 자신들의 사업 아이템을 구상하는 것이야말로 SDGs 경제성장을 이루는 것이라 생각한다. 학생 중 한 명은 토끼를 기업 로고로 캐릭터화해서 육상 생태계 보호를 목표로 하는 사업 아이템을 구상해내었다.

창업 부스를 운영하면서 기본적으로 학생들이 추구하고자 했던 목표는 ① 빈곤 종식, ②기아 종식, ③건강 복지 증진, ⑨산업화 증진, ⑩불평등 감소, ⑪지속가능한 도시와 공동체, ⑫지속가능한 소비와 생산, ⑭해양 생태계, ⑮ 육상 생태계, ⑯평화, 정의와 제도였다.

그중 가장 중요시했던 것은 ⑭번, ⑮번을 활용한 환경 보호였다. 코카콜라 회사가 마케팅을 할 때 북극곰을 살리기 위한* 마케팅 효과를 사용하는 것처럼 환경에 먼저 신경을 쓰는 회사의 자연스러운 마케팅 활동을 교육하고자 했다. 예상과는 달리 생각보다 학생들이 SDGs 공동목표 달성보다 창업부스, 매출 증대에 힘쓰기 바빴다. 현실적인 인간사회의 모습을 보여주는 것 같았다. 이러한 과정들이 교육과정에 지속가능한 발전을 접목하는 것에 대한 실패로 보여질 수도 있지 않을까, 라는 생각을 하기도 했다. 하지만 내가

---

* 코카콜라 수익금의 일부 북극곰 살리기 캠페인에 활용 '코즈마케팅'.

계획한 모든 교육과정에 실패는 없었다.

학생들이 매출 증대에 힘쓰고 관련 상품을 마케팅하기 위해 집에서 인테리어 용품을 챙겨오는 등 모든 과정이 지속가능한 발전 중** 상업 활동에 해당되었다.

모든 학생이 살아온 환경을 존중해야 하듯이 학생들이 인식하고자 하는 교육 목표와 방향을 존중해야 함을 깨달았다.

3) 부스 운영 피드백 발표

SDGs 교육연계 수업을 통해 학생들의 피드백 성과 관련 수업은 꼭 필요하다. 창업부스 활동에 대한 성과와 피드백 발표를 진행할 때, SDGs의 주요 목표와 관련한 간단한 수업을 진행했다. 17가지 공동목표 중 하나를 골라

** SDGs 8번 목표 'decent work and economic growth'.

발표를 진행하니 내가 보아왔던 그 누구보다 완벽하게 발표하는 학생들을 보며 공동목표가 17가지가 되는 이유를 깨달았다. 학생들은 각기 다른 성향을 지니고 있어서 17가지 목표를 받아들일 때도 각자의 특성에 맞게 각자 다른 관점으로 이해했다.

학생들의 피드백 발표에는 누락되는 공동목표 없이 모든 17가지 목표가 언급되었다. 자신이 생각하는 목표가 아니더라도 17가지 목표가 모두 언급되었다는 것을 통해 학생들이 SDGs의 중요성을 깨달았다고 생각한다. 내가 진행하고자 하는 수업에 SDGs를 연계했을 뿐인데, 학생들의 수업 주제가 조금 더 명확해진 느낌이었다.

앞으로 나의 SDGs 연계 교육이란?

수업을 활용하여 SDGs 공동목표를 학생들에게 알리고자 했으나, 학생들 모두에게 제대로 인지시키기는 어려웠다. 다음 나의 계획은 학급에 SDGs 테마를 꾸미고 상당한 시간 동안 학생들에게 노출시키는 것이다. 급훈이 1년간 노출되면서 학생들이 급훈과 비슷하게 성장하는 것처럼, SDGs를 꾸준히 접하면 SDGs를 실천하고 해당 목표를 달성하는 세계시민으로 성장할 수 있다.

한 강의에서 ESG경영도 성과 정도를 수치화한다고 했다. 얼마나 많은 전력을 사용하는지에 대한 정도를 점수화하여 수치화한다고 한다. SDGs 달성도에 대해 아직 수치화하여 달성도를 확인할 수는 없지만 2024년에는 1년간 학급 친구들과 17가지 공동목표를 수치화하는 작업을 해보려고 한다.

예를 들어, 학생들이 초반에 사업계획서를 작성하고 개발한 사업 아이템을 점수화하여 연말에 성과 달성도를 직접 확인할 수 있게끔 하고자 한다. 17가지의 공동목표에서 기업이나 인간이 행해야 하는 성취도 기준을 10가지로 정하여 각 기준을 점수화하고, 조별 창업부스들의 사업 아이템 달성도를 확인하면 학생들이 SDGs를 자연스럽게 접하고 달성하기 위해 노력할 것이라고 생각한다.

SDGs를 교육적으로 연계시키는 방법에는 정답이 없다. 교사로서 그 어떤 수업지도안, 동아리 활동 등과 연계시켜도 학생들에게 전달만 된다면 그것 또한 SDGs 교육 활동 중 하나라고 생각한다. 대한민국 교육에도 SDGs의 중요성이 극대화되기를 바라며 모든 교사의 노력이 빛을 발하는 그 날까지, 나 또한 작은 것부터 실천하고 노력하는 교사가 될 것이다.

나의 수업과 SDGs 17개 목표 매칭하기

	수업에서 교사가 의도한 SDGs	수업에서 학생들이 발견한 SDGs
전자상거래실무 수업 활동	⑦ 지속가능한 현대적인 에너지 ⑩ 산업화 증진 ⑪ 지속가능한 도시와 공동체 ⑫ 지속가능한 소비와 생산 ⑰ 파트너십	①~⑰ 모든 목표
교과연계 창업 부스 운영	① 빈곤 종식 ② 기아 종식 ③ 건강 복지 증진 ⑨ 산업화 증진 ⑩ 불평등 감소 ⑪ 지속가능한 도시와 공동체 ⑫ 지속가능한 소비와 생산 ⑬ 해양 생태계 ⑮ 육상 생태계 ⑯ 평화, 정의와 제도	①~⑰ 모든 목표
부스 운영 피드백 발표	①~⑰ 모든 목표	①~⑰ 모든 목표

팬데믹으로부터 출발한 나의 환경수업

— 변희영 (단원중학교 교사)

나의 교직 생활 되돌아보기

2020년. 나는 어느 때보다도 커다란 설렘과 기대를 가지고 시작하였다. 그것은 한 명의 개인으로서의 의미보다는 한 명의 교사로서의 의미가 더 컸다. 10년 간 고등학교 교사 생활을 마무리하고 중학교 교사 생활이 시작되었기 때문이다. 정시와 수시의 논술 비율이 높았던 고등학교에서 근무한 나는 20시간의 정규 수업과 학기와 방학 내내 이어지는 방과 후 학교수업을 통해 문제풀이 중심의 수업을 할 수밖에 없었다. 한편으로는 상위권 대학의 학생부 종합 전형을 준비하는 학생들을 위해 〈생활과 윤리〉와 〈윤리와 사상〉의 학습 주제와 자신의 진로를 연결하여 발표하게 하는 수업을 진행하며 세특을 작성하기에 급급해하며 지내왔다.

고등학교에서의 10년을 돌이켜보면 사실 처음에는 아이들을 지도하기 위해 학부 때도 제대로 공부하지 않은 다양한 사상가들과 응용윤리 학자들에 대해 다시 공부하면서 지식적으로 충만해진다는 생각에 즐거웠다. 하지만 시간이 지날수록 나의 고민은 어떻게 하면 아이들이 윤리 과목에서 1등급을 맞을 수 있을까, 어떻게 하면 아이들이 진학하는 데 필요한 최저 성적을 윤리 과목으로 충족시킬 수 있을까에 귀결되었다. 이러한 고민은 인문계 고등학교에 재직하는 윤리 교사로서 당연한 것이겠지만, 그렇게 10년을 지나면서 나는 조금씩 지쳐갔고, 과연 도덕 교사의 본질은 무엇일까에 대한 고민에 빠지기 시작했다. 이러한 생각을 하게 된 가장 큰 이유는 마음 속에 도덕 수업의 본질은 인간다운 삶의 실천이 되어야 한다고 생각하고 있었기 때문이었을 것 같다.

이러한 이유로 나는 중학교로 초빙 교사를 지원하였다. 중학교에서 다시 한 번 도덕 교육의 본질을 생각하고 싶었다. 학습 주제를 암기하고 문제풀이에 집중하기보다 학생들의 삶 속에서 학습 주제에 대해 진정으로 생각해 보는 시간을 마련해 주고 싶었다. 이 시대의 도덕 교사로서 나는 무엇을 해야 하는가에 대한 답을 조금은 더 얻을 수 있지 않을까 하는 기대가 포함된 것은 당연하다.

그런데 나의 이러한 기대는 산산이 무너졌다. 그렇다. 우리 인생에서 다시는 마주하고 싶지 않은 코로나19 바이러스의 전파, 팬데믹으로 교직 생활에서 처음 겪는 일을 바로 2020년에 맞이하였기 때문이다. 아이들이 등교하지 못했다. 어쩌다 등교하였을 때도 멀찌감치 떨어져 시험 대형으로 앉는 바람에 '함께하는 수업'이 불가능했다.

내가 중학교에 온 이유는 입시에서 벗어나 조금 더 자유로운 토론과 다양한 모둠활동을 하기 위해서인데, 얼굴도 보지 못한 채 강의식 영상을 촬영해서 업로드하는 수업이라니…. 아이들이 자유롭게 말도 하면 안 된다니…. 이건 내 머릿속에 한 번도 존재하지 않았던 시나리오이다.

이렇게 나의 2020년 상반기는 급변하는 교육 환경 속에서 어떻게든 적응해야 한다는 것에만 급급해 원래의 목표는 잃어버리고 말았다.

SDGs를 적용하는 수업에 관심을 갖다

언제까지 좌절하고 있을 수만은 없었다. 무엇이라도 해봐야겠다는 생각이 들었다. 학교를 옮기면서 개인적으로 앞으로 나의 도덕수업 방향을 '학생들이 성찰하는 인간, 참여하는 시민이 되는 데 조금이라도 기여할 수 있도록 하자'로 설정하였다. 우선 내가 관심을 갖고 있는, 그리고 더 알아가고 싶은 주제에 대해 시간을 많이 할애해서 아이들과 이야기해야 조금 더 자신감 있게 수업을 진행할 수 있으리라 생각하였다. 코로나19로 인해 학생들이 상호작용을 하며 모둠활동을 적극적으로 할 수 없다면, 학생 개개인으로라도 지금의 삶 속에서 가장 관심을 갖고 탐구해야 할 주제에 대해 경험할 수 있게 해 주는 것이 교사의 역할이라고 생각하였다.

이러한 생각 속에서 내가 아이들과 조금 더 애정을 갖고 수업을 하고 싶은 주제로 찾은 것은 바로 '세계시민으로서의 SDGs 실천'이다.

아직 SDGs라는 개념이 교육계에 생소했을 때인 2021년부터 세계시민 선도교사가 되었다. 이 경험은 나에게 우리 아이들이 진정한 생존과 자존을 하기 위해서는 학교 현장에서 17개의 SDGs 목표를 다양하고 지속적으로 경험하는 수업에 참여할 수 있도록 교사가 노력해야 한다는 생각을 가져다 주었다.

중학교 도덕1 교과서의 '세계시민으로서 도덕적 과제는 무엇인가?' 부분에는 종교 문제, 자원 문제, 전쟁과 기아 문제 등 다양한 문제가 소개되어 있다. 그러나 개인적으로 이러한 주제는 21세기 대한민국 열네 살의 아이들의 직접적인 관심 사안이 될 수 없다고 판단했다. 나는 팬데믹 현상의 근본적인 원인인 환경 문제에 주목하여 아이들과 수업을 하기로 결정하였다. 특히, 이 아이들이 2학년에 올라가면 중학교 도덕2 교과서의 '자연과 인간의 바람직한 관계는 무엇인가?'에 대해 배우며 환경 문제에 대해 다시 한번 이야기할 것이기에 연속성을 지니고 수업할 수 있으리라 기대했다.

2020년 1학년 학생들과의 환경수업

우리 학교 1학년 학생들과 도덕수업을 하면서 가장 힘들었던 점은 자신의 생각을 작성하게 하는 일이었다. 아이들은 선생님에게 호의적이었지만, 어떤 주제에 대해 자신의 생각을 작성하는 것, 그리고 그보다 '생각을 해야 한다'는 사실 자체를 힘들어했다. 왜 그럴까, 찬찬히 살펴보다 중학교 1학년 교과서에 나오는 어휘들을 온전히 이해하는 학생이 학급에 한두 명이 채 되지 않는다는 것을 알게 되었다. 1, 2학년 도덕수업을 절반씩 맡고 있는 동료 선생님은 아이들이 텍스트뿐만 아니라 영상에 대한 집중도도 매우 낮고, 영상을 다 보고 나서 무엇을 보았는지 제대로 기억하지 못 하는 경우가 태반이니 수업의 난이도를 많이 낮추라고 조언하셨다.

사실 환경수업을 하기에 앞서 혁신학교의 장점을 활용하여 사서선생님께 부탁해 많은 책을 구입하였다. 코로나19를 맞이하여 다양한 환경 관련 책이 쏟아져 나왔고, 10대 청소년들이 흥미를 느낄 만한 청소년 책들도 다수 있어 이를 수업에 활용할 수 있으리라는 기대감 때문이었다. 하지만, 등교 일정이 조정되어 온전히 온라인수업으로만 수업할 수 없게 되었으며, 다른 사회 교과 선생님들이 수업 시간에 활용하셨다는 책들이 모두 초등학교 중·고학년의 책들인 것을 알게 된 후, 환경수업은 원래의 방향과는 달라질 수밖에 없었다. 2020년 12월의 도덕수업 중 5차시를 할애하여 <세계시민과 환경수업>을 표와 같이 진행하였다.

자신의 생각은 학습 주제에 대한 정확한 이해 속에서 도출되는 것이기에, 1차시에는 학생들과 교과서를 통해 중단원 '세계시민으로서 도덕적 과제는 무엇인가?'라는 부분을 함께 정독하고, 모르는 단어를 각자 찾아 정리한 후, 교사의 설명을 들으며 학생들이 이론적으로 '세계시민'이라는 개념을 형성할 수 있도록 하는 데 주력하였다. 이때 교과서의 내용만으로는 다소 지루하기

〈세계시민과 환경수업(2020.12.)〉

	온라인수업(zoom 활용 실시간 쌍방향 수업, zoom채팅, 네이버 폼 활용)	
1차시	- 세계시민의 개념 이해(그림책과 영상 활용) - 세계시민이 직면하는 다양한 도덕 문제 - 세계시민으로서의 도덕의식의 필요성 - 지구적 관점과 인류애 실천하기 - 국가적 차원의 노력과 국제적인 협력	세계시민에 대한 교과서 이론 학습
2차시	- 세계시민이 직면하는 다양한 도덕 문제 중 '환경 문제'에 대해 구체적으로 알아보기 - 지식채널e <햄버거 커넥션> 시청 - SBS 예능프로그램 '집사부일체' 139회 타일러 강연 부분(16분 30초~48분 55초, 약 33분) 시청 - 새롭게 알게 된 점과 느낀 점을 줌 채팅창 활용하여 작성	세계시민이 해결해야 할 과제 중 '환경 문제'에 대한 배경지식 넓히기
3~4차시	- 자신의 삶에서 가장 많이 사용하거나 생산 과정에서 불필요한 포장이 있는 제품 찾기 - 관련 제품 및 다른 나라 사례에 대한 정보 검색 - '친환경 제품 생산을 위한 건의문' 작성하기	환경 문제 해결을 위한 노력
5차시	- '친환경 제품 생산을 위한 건의문' 교사 피드백 - '세바시' 강연을 통한 심화학습하기	피드백

	세계시민과 환경수업에서 활용한 영상	
세계시민에 대한 기본 개념 이해	- 그림책 『내가 라면을 먹을 때』(유튜브에서 '내가 라면을 먹을 때' 검색하면 그림책의 읽어주는 채널 다수 검색됨. 그중 활용) - 내국인 23. 세계시민, 나 야 나_Korea(https://youtu.be/Oq2H76Ei7Fs)	
환경 문제에 대한 기본 지식	- 지식채널e <햄버거 커넥션> - 집사부일체 139회 타일러 강연(네이버 시리즈 온에서 결제 활용)	
환경 문제에 대한 심화 학습	- 세바시 1357회, 내가 '이것'을 목숨 걸고 알리는 이유(역시 타일러 강연)	

도 하고, 어렵게 느껴질 수 있기에 2009년에 발간된 그림책 『내가 라면을 먹을 때』(하세가와 요시후미)를 활용하기도 하였다. 초등학교 저학년도 활용하는 그림책이기에 비교적 이해하기 쉬운 그림책이긴 하나, 이 그림책 안에 비유적인 표현도 포함되어 있어(예. '산 너머 나라의 쓰러진 남자아이에게 부는 바람이 곧 지

금 나에게도 부는 바람') 중학교 1학년 학생 중에도 세계시민으로서의 상호 연관성을 파악하지 못하는 학생들도 있어 교사의 해설이 필요하였다.

2차시에는 본격적으로 세계시민이 해결해야 할 도덕 과제 중 환경 문제에 주목하여 환경 문제에 대한 배경지식을 넓힐 수 있는 영상 두 편을 시청하고 줌 채팅창을 활용하여 학생들로 하여금 새롭게 알게 된 지식과 느낀 점을 작성하여 제출하도록 지도하였다. 수업 시간에 활용한 영상은 지식채널e 〈햄버거 커넥션〉과 SBS 집사부일체 139회 '타일러 강연' 부분으로, 학생들뿐만 아니라 어른들도 꼭 한 번씩 보았으면 하는 영상이다.

개인적으로 환경 문제에 대한 영상을 선정할 때 무엇보다 중요한 것은 시의성과 뻔하지 않음이라고 생각한다. 또, 아무리 잘 만들어진 영상이라고 해도, 학생들이 관심을 갖지 않는다면 그것은 교육적 자료로서 의미가 사라진다. 그런 면에서 예능 프로그램인 SBS 집사부일체 139회 '타일러 강연' 부분은 재미와 정보 제공이라는 측면에서 학생들의 만족도가 매우 높았던 영상이다. 2차시의 목표가 환경 문제에 대해 학생들의 관심을 불러일으키고 학생들이 관련 배경지식을 습득하는 데 초점이 맞추어져 있기에 약 33분 정도의 영상을 온전히 시청할 수 있도록 하였다.

2차시를 마치며 학생들에게 영상을 통해 새롭게 알게 된 점이나 느낀 점을 글로 받았을 때 학생들 역시도 이 부분에 크게 주목하였다. 특히, 왜 지금 환경 문제에 대해 스스로 관심을 가져야 하는지에 대해 작성한 학생들이 많아 오랜 시간 영상을 시청한 것에 대해 최선은 아닐지라도 나쁘지 않은 선택이었다고 안심할 수 있었다.

3~4차시는 2차시에 감상했던 영상의 내용을 바탕으로 행동하는 민주시민

이 되기 위해 친환경 제품 생산을 위한 건의문을 작성하는 활동을 하였다. 3차시에는 우선 학생들이 자신의 삶 속에서 가장 많이 소비하는 물품 목록을 작성한 후, 그중에서 보다 친환경적인 방식으로 제품을 생산하기 위한 아이디어가 떠오르는 제품을 한 가지 선정하도록 하였다. 자신이 가장 자주 혹은 많이 소비하는 물품 목록을 작성할 때 머릿속으로 떠올려 작성해도 되지만, 정해진 시간 내에서 집안을 돌아다니며 직접적으로 살펴보는 것도 허락하였다. 하루종일 컴퓨터와 휴대폰 화면으로 수업에 참여하는 학생들을 위한 내가 할 수 있는 약간의 배려였다.

4차시는 이러한 정보 탐색 과정을 거쳐 알게 된 내용을 바탕으로 실제로 해당 기업을 향한 건의문을 작성하는 시간을 가졌다. 앞에서 말했듯이 우리 아이들은 자신의 생각을 작성하는 것을 매우 어려워하는 경향이 크다. 설령 성실하게 참여하는 학생이라도 시간을 정말 넉넉하게 제시해야 포기하지 않고 참여한다. 이에 4차시는 학생들이 자신이 선택한 제품에 대해 보다 친환경적인 방식으로 생산될 수 있도록 최소 10문장 이상 건의문을 작성하는 것으로 수업을 운영하였다. 내가 최소 10문장이라고 제시한 이유는 1학기에 EBS 온라인 클래스를 통해 자신의 생각을 받아보면 한두 문장만 쓰는 학생들이 85% 이상이었기 때문이다.

5차시는 학생들이 제출한 글을 화면에 공유하며 교사와 학생들의 피드백을 진행하였다. 4차시에 네이버폼을 활용하여 제출된 학생들의 글을 내가 미리 읽어본 후, 학생들과 함께 나누는 것이 의미 있다고 생각하는 글 몇 편을 선정하였다. 물론, 사전에 수업 시간에 활용할 글을 작성한 학생들에게는 양해를 구했다. 줌(ZOOM) 공유 기능을 활용하여 학생들의 글을 살펴보며, 급우들의 시선에서 어떤 점을 보완하면 좋을지 생각하게 하고, 의견을 나누었다.

학생들의 글 중에서 문제점에 대한 구체적인 대안과 기업에서 관심 가질 정보 제공 등을 작성한 표현들을 칭찬하였다.

제출된 학생들의 건의문 중 일부는 다음과 같다.

¤안녕하세요. 저는 단원 중학교에 다니고 있는 열네 살 ○○○입니다. pp빨대를 구매하여 사용하고 있습니다. 지금 모두가 알고 있겠지만 현재 환경오염이 심각한 상황을 넘어선 상태입니다. '환경오염, 빨대' 하면 바로 생각나는 이슈가 있죠? 바로 바다거북이의 코에 빨대가 껴서 사람들이 그 빨대를 빼주는 영상인데요. 현재 영국은 플라스틱 빨대 사용 금지를 선포했습니다. 영국 환경 장관은 "플라스틱 빨대가 나쁘다면 그것을 금지하는 것은 좋은 일"이라고 하였습니다. 이처럼 지금 전 세계적으로 환경오염의 심각성을 느끼는 가운데 저는 이 플라스틱 빨대를 쓰는 저 자신이 가끔은 부끄럽고 지구에 미안했습니다. 하지만 소비자만 빨대를 쓰지 않으면 무엇 하나요? 다시 눈앞에는 플라스틱 빨대를 쓰고 편안함을 느끼는 제조사가 있을 겁니다. 그러니 소비자부터가 아니라 그 문제를 만드는 제조사부터 달라져야 합니다. 요즘 재활용이 되는 친환경 빨대가 있는데요. 바로 종이 빨대입니다. 사실상 종이 빨대는 사람이 선호하지 않습니다. 계속해서 사용하면 아무래도 종이 빨대다 보니 눅눅해지고 종이맛이 약간 나기 때문입니다. 그렇다고 해결방안이 아예 없는 건 아닙니다. 바로 실리콘 빨대와 스테인리스 빨대인데요. 스테인리스 빨대는 반영구적으로 사용이 가능할 뿐만 아니라 세척 솔을 이용해 간편하게 닦아 비교적 위생적으로 사용이 가능하기 때문입니다. 그리고 실리콘 빨대도 여러 번 사용할 수 있고 영유아와 어린이들이 사용하기 좋기 때문이죠. 실리콘 빨대는 물에 삶아 소독이 가능하고 뜨거운 음료에 담가도 변형이 없고 크기에 맞춰 잘라서 사용이 간편하기 때문에 대중적으로 유아용 제품에 많이 이용되

는 사례이기도 하죠. 제가 말한 빨대 말고도 아주 많고 친환경적인 빨대들이 많습니다. 소비자와 제조자 그리고 환경을 생각하는 제품을 만드는 건 어떨까요? 이때까지 건의문을 읽어주셔서 감사합니다.

¤ 안녕하세요, 저는 단원중 1학년 ○○○입니다. 저는 롯데 제품의 아○시스를 마십니다. 그런데 페트병의 라벨이 비닐이라서 재활용을 하려면 비닐 따로 페트병 따로 버려야 합니다. 하지만 페트병과 라벨을 분리하지 않은 상태로 같이 버리게 되면 페트병까지 재활용할 수 없습니다. 그리고, 비닐 라벨 자체로도 환경오염의 문제가 됩니다. 비닐이 썩는 데는 약 100년도 걸린다고 합니다. 그래서 저는 비닐 라벨을 붙이는 거보다 페트병 자체에 라벨을 새기는 것이 환경을 위한 행동이라고 생각합니다. 페트병에 라벨을 새기게 되면 비닐 라벨의 비닐 사용이 줄어들어서 환경오염을 막을 수 있습니다. 게다가 소비자들은 번거롭게 라벨과 페트병을 따로 버리지 않아도 되어서 편리함을 느낍니다. 또 다른 좋은 점은 환경오염을 줄이는 것뿐만 아니라, 환경을 생각해서 바꾸었기 때문에 기업의 이미지도 좋아집니다. 이 페트병 비닐 라벨이 우리 환경을 오염시킵니다. 비닐 라벨 말고 글자를 새겨서 환경오염을 조금이나마 막아주세요.

총 5차시에 걸쳐서 진행한 1학년 도덕수업으로서의 환경수업을 통해 내가 학생들에게 기대했던 바는 환경 문제가 여러 번 들어서 식상한 주제가 아닌 이제는 정말 우리의 생존을 위협하는 문제라는 인식을 갖는 것이다. 또 중학생으로서 환경 문제를 해결하기 위해 할 수 있는 일이 더 이상 쓰레기 줄이기와 분리수거 잘하는 것이라고만 생각하지 않는 것이다. 우리가 왜 이 시대에 환경 문제에 주목해야 하는지를 현실감 있게 알려주는 영상 시청과 이를 바탕으로 진행된 친환경 제품 생산을 위한 건의문 작성하기가 학생들의 마음에 조금이라도 주체적인 삶을 살아가는 것의 중요성을 알려주는 작은 불씨가 되었길 바라본다.

2021년 2학년 학생들과의 또 한 번의 환경수업

혼돈과 불확실 속의 2020년을 보내면서도 '설마 2021년까지도 온라인 수업을 하겠어?'라는 안이한 생각이 내 머릿속을 가득 채웠다. 새로운 2021년이 될 것이라는 나의 기대는 근무하고 있는 안산 지역의 코로나 상황이 2020년보다도 훨씬 심각해져 산산이 무너졌고, 여전히 1/3 등교 속에서 5월을 맞이하였다.

5월에 2학년 학생들과 함께 수업할 주제로 나는 대단원 'Ⅲ. 자연·초월과의 관계' 중 중단원 '01. 자연과 인간의 바람직한 관계는 무엇인가?'를 선정하였다. 교과서의 구성 상 2학기에 배치된 '자연과 인간의 바람직한 관계는 무엇인가?'를 5월에 배치한 이유는 작년에 배운 환경 관련 이론적 지식과 감수성을 학생들이 온전히 잊지 않았을 것이라는 기대와 6월 환경의 달 전에 수업을 진행하여 학생들이 배운 내용을 바탕으로 보다 실천적인 삶을 살기를 바랐기 때문이다.

'환경 관련 공익 광고를 제작할까?', '그렇다면 카드 뉴스의 형태? 아니면 영상 제작의 형태?', 'PPT는 어떨까?' 이렇게 요즘 학생들이 좋아하는 표현 기법에만 관심을 갖고 어떤 방식이 좋을까 고민하던 나는 작년 1학년 학생 전체 8개 반 중 3개 반은 내가 수업을 하지 않았다는 것을 문득 깨달았다. 동 교과 선생님과 수업에 대해 서로 상의하고 정보도 주고받았지만, 1학년은 지필 고사를 안 보는 만큼 도덕 교사 개개인의 성향을 살려 구체적인 활동은 다르게 구성할 때가 많다. 즉, 나와 수업을 하지 않은 3개 반 학생은 세계시민이 함께 해결해야 할 과제에 대해 환경 문제에 주목하여 활동하지 않았다는 것을 알게 된 것이다.

비록 1학년 때의 5차시는 작은 경험이지만 환경수업의 유무에 따라 학생들 사이에 환경에 대한 배경지식과 환경 문제를 바라보는 인식 정도, 그리고 구체적으로 나의 문제로 받아들이는 민감성이 분명 다를 것이라고 생각하였다. 그렇기에 이번에도 환경 문제에 대해 아이들에게 식상하지 않은 정보들을 제시하는 일이 가장 중요하다는 생각이 들었다. 모든 학생이 아직은 잘 모를만한 이야기를 수업에 가져오되 교사의 목소리로 전달하는 방식이 아니라 글로서 다양한 삶의 현장에 놓여 있는 사람들을 만나게 해주어야겠다는 목표가 생겼다. 특히, '비슷한 또래 학생들의 글이 포함되면 더더욱 집중하고 관심을 갖지 않을까?' 이런 생각 속에서 자료를 찾던 중 나는 민음사에서 격월로 나오는 문학잡지인 〈Littor〉 24호(2020년 6월 발간) 속에서 그 해답을 찾을 수 있었다.

내가 수업에 사용할 텍스트로서 단행본이 아닌 〈Littor〉 24호 잡지 글을 선택한 이유와 함께 읽은 글을 간략하게 소개하면 다음과 같다.

- 일반 단행본을 구비해 놓았으나 코로나로 인해 등교하지 않는 주간에 수업하게 되어 학생들에게 책을 제공할 수 없는 상황이다. 잡지 글은 출처를 밝히고, 타이핑하여 B4에 두 쪽 모아 찍기로 제공하였다. 물론 이 역시 마음이 온전히 편안한 방법은 아니었다.
- 단행본보다 글의 길이가 짧고, 조금 더 생동감이 느껴질 수 있어 글을 읽는 것을 힘들어하는 아이들에게 보다 효율적일 것으로 예상되기 때문이다.

수업의 흐름은 간단하다. 1~5차시까지는 줌(ZOOM)에서 매차 시 주어진 분량의 글을 먼저 교사가 낭독하여 읽고, 다음 학생을 돌아가며 지목하는 형태로 4편의 잡지 글을 함께 읽으며, 제시된 내용을 이해하고 정리하는 시간을

1) 인류를 위협하는 세대 갈라치기: 과학 전문기자의 글
2) 업사이클 맛집, 큐클리프: 업사이클 가게 큐클리프를 운영하는 사장님의 글
3) 우리의 것이 아닌, 낫 아워스: 비건패션 브랜드 낫 아워스를 운영하는 사장님의 글
4) 미래 세대의 지금 행동들: 청소년 기후위기 행동 단체에서 활동하는 중고등학생 세 명의 인터뷰 내용
   으로 학생들의 반응이 가장 좋았던 글. 자신과 비슷한 또래 학생들의 적극적인 행동에 다소 충격을 느
   낀 듯하다.

※ 참고로 <Littor> 24호에는 환경과 관련된 글이 한 편 더 있었으나, 이는 중학교 2학년이 도저히 이해할 수 없으리라
   는 판단으로 포함하지 않았다. 위 네 편의 글 중에서는 1) 인류를 위협하는 세대 갈라치기가 학생들이 이해하기에는
   가장 어려울 수 있으나 제출된 학생들의 학습지를 보았을 땐 몇 개의 모르는 단어만 정복하면 충분히 이해할 수 있
   는 수준의 글이었다고 판단된다.

가졌다. 특히, 학생마다 어휘력이 다르기 때문에 학습지에 자신이 모르는 단어의 의미를 작성하는 것을 기본으로 강조하여 지도하였다. 독서일지1은 양식 자체에 자신이 조사한 단어의 의미를 작성하도록 구성하였고, 독서일지 2와 3에는 별도로 단어의 의미를 작성하는 칸을 제시하지는 않았지만 배부된 잡지 글이 타이핑된 B4 용지에 자신의 어휘력 수준에 맞게 자발적으로 정리하도록 지도하였다. 사실 줌(ZOOM)에서의 수업 진행이라 이 부분이 다소 걱정되었지만, 학급별로 개설한 도덕교과 오픈 채팅방을 통해 학생들의 독서일지 학습지와 함께 매시간 사진으로 받는 수고를 하니 학생들이 자발적으로 잘 참여해 주었다. 양식은 국어과 파워블로거 김영희 선생님의 양식을 차용하였고, 나의 수업 내용에 맞게 발문을 수정하여 사용하였다.

학습지 구성에서 중요하게 생각한 점은 학생들이 제시된 텍스트를 단순히 있는 그대로 이해하고 정리하는 질문에서 출발하여 차시를 거듭할수록 읽는 독자에 따라 관점이 달라질 수 있는 지점을 확인하게 하였다. 이를 바탕으로 친구들과 논의하고 싶은 주제를 작성하고, 결과적으로 텍스트의 이해를 넘어서 자신의 삶 속에서 실천할 수 있는 구체적인 방안을 작성하는 방식으로

구성하는 것이었다.

　이런 훈련을 통해 대부분의 학생이 1학년 때에 비해 우선 양적으로 많은 글을 작성하는 성장을 보여주었다. 특히, 수업 이후 비건이나 업사이클 제품에 대해 스스로 검색해 보거나 실제 구매하는 등 배운 내용을 다시 한번 곱씹어 보는 학생을 목격한 것이 교사로서 작은 성취감을 가질 수 있었다.

　이렇게 5차시에 걸쳐 〈Littor〉 24호의 네 편의 글을 학습한 후, 학생들이 글을 제대로 읽고, 자신의 생각을 정립할 수 있는지 확인하기 위해 추가로 구술평가를 진행하였다. 작년에 이어 2년째 만나고 있는 2학년 아이들 중에는 쉬는시간에는 활발하지만 수업 시간에 자신의 목소리를 내어 이야기하는 것을 주저하고 때로는 겁내는 학생들이 많았다. 그래서 나는 이러한 우리 아이들의 성향을 반영하여 구술평가 문항을 미리 공지하여 학생 스스로 선택할 수 있도록 하고, 원격수업 주간인 만큼 동영상으로 제작하여 제출할 수 있도록 하였다. 그리고 학생들에게 내가 왜 구술평가를 면대 면이 아닌 동영상으로 받아 실시하고자 하는지에 대해 강조하여 설명해 주었다.

　"말은 처음부터 잘 할 수 없다. 수많은 반복과 훈련을 통해 완성되는 것이며, 여러분은 인생에 있어서 어쩌면 공식적인 형식을 갖춘 말하기를 아직 해 본 적이 없기 때문에 낯선 것이 당연하다. 직접 만나 말하는 것이 아직 두렵고 낯설 수 있는 만큼 동영상으로 제출하고, 제출기한 동안은 얼마든지 다시 촬영해서 제출해도 된다"고 말하면서 학생들의 마음을 안정시키고자 하였다. 그래서 나는 아래와 같이 구술평가에 대한 안내문을 만들었고, 학생들이 자신의 생각을 마치 대본처럼 작성할 수 있도록 학습지를 제작하였다.

　6~8차시는 '좋은 말하기란 무엇인가'에 대한 설명 이후, 구술평가의 구체적인 방법을 안내하였고, 구술평가 8문제를 학생들에게 제시한 후, 학생들이

스스로 자신이 잘 대답할 수 있는 2개 문항을 선택해서 자신의 생각을 각 문항당 1분에서 1분30초 총 2~3분의 동영상을 제작하여 제출하는 방식으로 수업을 진행하였다. 이 과정에서 특히, 조금 낯설 수 있겠지만 마치 면접을 보는 것처럼 말의 처음과 끝을 제시된 예문의 형식을 지킬 수 있도록 강조하였다. 교실 내에서 정말 소극적인 학생 중 일부가 오히려 동영상 속에서 누구보다도 자신감 있게 말하는 모습을 보여주었는데, 교사로서 학생들의 또 다른 면을 살펴볼 수 있어 의미 있었다. 제출기한 중에는 언제든 다시 동영상을 촬영하여 제출할 수 있게 한 이유는 학생들의 과제집착력을 확인하기 위해서였다. 50번 심지어 200번까지 다시 촬영하여 제출한 학생도 있어 놀라웠다. 물론 이 학생들이 직접 나에게 영상을 50개, 200개 모두 다 보낸 것은 아니다. 휴대폰 갤러리에 저장된 파일을 목록화여 사진으로 찍어 보내준 학생들이 있어 알게 된 사실이다. 본인 스스로도 자신이 이렇게까지 할 수 있을지 몰랐다고 한다.

9차시는 카카오톡 학급 도덕과 오픈채팅방에 제출된 동영상을 교사가 미리 살펴본 후, 학우들에게 '나도 다음에는 저렇게 해 봐야지'라는 아이디어를 제공하는 학생들의 동영상을 골라 함께 시청하는 시간을 가졌다. 이미 환경과 관련된 내용적인 측면에서는 학생들이 이해하고 있으므로 주로 자신의 생각을 보다 논리적으로 전달하는 효과적인 방법에 대해 피드백을 주었으며, 함께 시청하지는 않았지만, 구술평가 문항에 맞지 않은 전혀 동떨어진 대답을 한 사례들을 일부 각색하여 학생들에게 제시함으로써 학생들 스스로 문제점을 찾는 시간을 가지며 총 9차시에 걸친 환경수업을 마무리하였다.

구체적인 수업의 흐름을 정리하면 다음과 같다.

〈세계시민과 환경수업(2021.05.)〉

	온라인수업(zoom 활용 실시간 쌍방향수업, 카톡 오픈채팅방 활용)	
1차시	- 텍스트1: 인류를 위협하는 세대 갈라치기(과학전문기자의 글) 돌아가면서 소리 내어 읽기 - 글 속에서 각자가 이해하기 어려운 단어의 뜻 조사하기 - 글쓴이의 핵심 주장이 담겨 있는 문장들 스스로 밑줄 긋기 - 글에 대한 교사의 간략 설명 - 독서일지1 작성하기	환경과 관련된 글 읽고 배경지식 넓히기
2차시	- 텍스트2: 업사이클 맛집, 큐클리프(업사이클 가게 큐클리프를 운영하는 사장님의 글) 돌아가면서 소리 내어 읽기 - 텍스트3: 우리의 것이 아닌, 낫아워스(비건패션브랜드 낫아워스를 운영하는 사장님의 글) 돌아가면서 소리 내어서 읽기 - 텍스트2와 텍스트3의 글 속에서 각자가 이해하기 어려운 단어의 뜻 조사하기 - 글쓴이의 핵심 주장이 담겨 있는 문장들 스스로 밑줄 긋기 - 글에 대한 교사의 간략 설명	환경과 관련된 글 읽고 배경지식 넓히기
3차시	- 독서일지2 작성 - 독서일지1 보완	환경과 관련된 글 읽고 배경지식 정리하기
4~5차시	- 텍스트4: 미래 세대의 지금 행동들(청소년 기후위기 행동 단체에서 활동하는 중고등학생 3명의 인터뷰 내용)을 돌아가면서 소리 내어 읽기 - 글 속에서 각자가 이해하기 어려운 단어의 뜻 조사하기 - 글쓴이의 핵심 주장이 담겨 있는 문장들 스스로 밑줄 긋기 - 글에 대한 교사의 간략 설명 - 독서일지3 작성하기	환경과 관련된 글 읽고 배경지식 넓히기
6차시	- 구술평가에 대한 개념 설명 - 좋은 말하기의 조건 - 구술평가 방법 안내 - 구술평가 문항 선택	구술평가에 대해 이해하기
7차시	- 자신이 선택한 구술평가 문항에 대해서 답안 작성하기	환경과 관련된 문제에 대한 자신의 생각 정리하기
8차시	- 구술평가 동영상 촬영하기 - 구술평가 동영상 제출	환경과 관련된 자신의 생각 자연스럽게 표현하기
9차시	피드백 및 발표	친구들의 제작 영상 감상 및 피드백

나의 환경수업

2020년 12월과 2021년 5월 총 14차시에 걸쳐 진행된 나의 환경수업 방식은 어쩌면 코로나 사태가 발생하지 않았다면 전혀 다른 방식으로 흘러갔을지 모른다. 아마도 수업에 할당하는 시간 자체는 지금보다 확실히 적었을 것 같다. 코로나 사태는 우리가 더 이상 환경 문제를 피상적으로 바라보면 안 된다는 사실을 일깨워주었다.

우리보다 더 많은 시간 지구에서 살아가야 하는 우리 아이들이 먹고사는 문제에 비견할 만큼 중요한 문제가 환경 문제라는 것을 인식할 수 있도록 도덕수업을 진행하는 것은 앞으로 더욱더 중요해질 것이다. 이를 위해 학생들이 '환경'이라는 주제에 대해 지적 호기심을 느끼고 스스로 탐구하고 싶어하고, 이를 실천으로 연결할 수 있도록 지도해야 한다. 즉, 사고력 증진과 실천을 목표로 한 환경수업을 구상해야 할 것이나. 그런 의미에서 책과 몇 가지 영상을 선생님들께 소개한다.

〈환경수업 관련 책과 영상〉

환경 관련하여 중학교 학생들도 흥미롭게 읽을 수 있는 책

- 나의 비거니즘 만화(보선)
- 환경과 생태 쯤 아는 10대(최원형)
- 쓰레기 책-왜 지구의 절반은 쓰레기로 뒤덮이는가(이동학)
- 환경정의-환경문제는 누구에게나 공평할까?(장성익)

※ 내가 학교 도서관에 구입을 부탁한 환경 관련 여러 책 중에 2021년 여름방학 과제로 학생들에게 제시한 책 목록이다. 비교적 중학교 학생 중에서도 책을 읽는 것을 어려워하는 학생들도 포기하지 않고 읽을 만한 책들을 선정했다. 실제로 1, 2학년 학생 중 학급 당 30~50퍼센트의 학생들이 자발적으로 책을 읽고 독서기록장을 작성해 와서 생활기록부 과목 독서에 입력해 주었다.

환경 관련하여 살펴볼 다큐멘터리 영상

- 더 게임 체인저스(The Game Changers)   - 카우스피라시(Cowspiracy)   - 씨스피라시(Seaspiracy)

※ 세 편 다 넷플릭스에서 볼 수 있다. 지나친 육식이 어떻게 환경 오염과 관련되는지 살펴볼 수 있는 다큐멘터리이다. 전 편을 다 살펴보고, 학생들에게는 오픈 채팅방을 활용하여 유튜브에 관련 영상의 편집본 링크를 보내주어 자발적으로 추가 학습을 할 수 있도록 지도하였다. 편집본은 사회과 선생님이 운영하는 것으로 알고 있는 유튜브 채널 '경계 없는 학교(https://youtu.be/Wkn_sru3yag)'에 업로드되어 있다.

이 글을 쓰고 있는 시점인 2023년 말 돌아보니 앞서 소개한 2020년과 2021년의 두 가지 수업 활동은 팬데믹으로 인해 실천지향적인 부분이 다소 아쉬웠다는 생각이 든다. 하지만 역시나 팬데믹으로 인해 본격적으로 SDGs를 바탕으로 한 환경수업의 중요성을 깨닫게 된 만큼 그 이후 나는 지금까지 환경 자율동아리 활동, 비건 급식 식단 작성해 보기, 폐건전지 수거 후 주민자치센터에서 교환하기, 용기 내 캠페인에 동참하기 등을 학생들과 실천하고 있다. 나아가 2024년에는 국제기념일을 활용하여 본격적으로 도덕수업뿐만 아니라 단원중학교에서 친환경 활동을 구성해보고자 한다. 이렇게 선언을 했으니 올 한해 아이들과 적극적으로 실천하는 내가 되길 그리고 우리가 되길 기대해 보며 글을 마무리하고자 한다.

나의 수업과 SDGs 목표 매칭하기

	수업에서 교사가 의도한 SDGs	수업에서 학생들이 발견한 (찾아낸, 깨달은 등등) SDGs
친환경 제품 생산을 위한 건의문 작성하기 활동	③건강과 복지 ⑦지속가능한 청정 에너지 ⑪지속가능한 도시와 공동체 ⑫지속가능한 소비 - 생산 ⑬기후변화 대응	③건강과 복지 ⑥깨끗한 물과 위생 ⑦지속가능한 청정 에너지 ⑩불평등 해소 ⑪지속가능한 도시와 공동체 ⑫지속가능한 소비 - 생산 ⑬기후변화 대응
환경 관련 텍스트(4편) 독서일지 작성 및 구술평가 활동	③건강과 복지 ⑦지속가능한 청정 에너지 ⑧좋은 일자리와 경제 성장 ⑩불평등 해소 ⑪지속가능한 도시와 공동체 ⑫지속가능한 소비 - 생산 ⑬기후변화 대응 ⑭해양생태계 ⑮육상생태계	③건강과 복지 ⑦지속가능한 청정 에너지 ⑧좋은 일자리와 경제 성장 ⑩불평등 해소 ⑪지속가능한 도시와 공동체 ⑫지속가능한 소비 - 생산 ⑬기후변화 대응 ⑮육상생태계 ⑯평화·정의 강력한 제도 ⑰글로벌 파트너십

부록

<미래교육과 SDGs 교사 워크숍>을 돌아보다

SDGs 수업, 함께해요

SDGs 청소년 교육을 준비하기 위해 학교 선생님 세 명(박은영, 이종철, 정성욱)과 안산지속협 사무국이 기획팀을 구성하여 여러 차례 회의를 했습니다. 지속가능발전 교육이 가능하려면 학생들과 접촉면이 높은 교사들이 중요성을 인식하고 교육하는 것이 가장 효과적이라고 생각했습니다. 그래서 현장에서 교육을 담당하고 있는 교사들이 SDGs(지속가능발전목표)에 대한 이해를 높이고 학교 교육과정과 연계하는 과정을 통해 지속가능발전교육이 가능하다고 생각했고, 그를 위해 "미래교육과 SDGs 교사 워크숍"을 기획하게 되었습니다.

1박 2일간(2023. 7. 14-15) 호텔 푸르미르에서 진행한 워크숍에 경기도 내 초·중·고등학교 교사 스무 명이 신청했습니다. 국어, 영어, 수학, 과학, 음악, 체육, 도덕 등 다양한 과목에, 2년 차부터 30년 차까지 다양한 연차의 선생님들이 신청해서 워크숍에 대한 기대감이 더 커졌습니다.

첫째 날에는 〈지속가능발전을 위한 교육〉 기조강연과 워크숍1 〈내 수업에서 SDGs 발견하기〉를 진행했습니다.

<지속가능발전을 위한 교육> 오수길 교수 강의

기조강연을 맡은 오수길 교수(고려사이버대학교 정보관리보안학과)는 SDGs와 지속가능발전교육의 개념과 역사를 소개하고, 다양한 교육적·지역적 사례를 통해 SDGs 목표 간 연계에 대해 강조하셨습니다.

기획팀의 이중철 선생님(송호고등학교)이 진행한 워크숍 1 〈내 수업에서

워크숍 1 <내 수업에서 SDGs 발견하기>

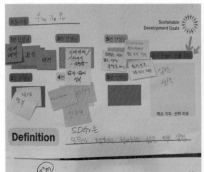

<우가수> 모둠이 정리한 SDGs: 모두가 행복한 함께하는 삶을 위한 실천(왼쪽)
<우가수> 모둠의 교과별 SDGs 연결 요소 워크시트

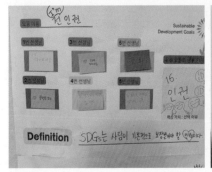
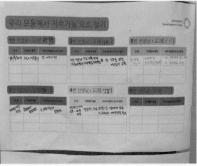

<전인권> 모둠이 정리한 SDGs: 사람이 기본적으로 보장받아야 할 인권(왼쪽)
<전인권> 모둠의 교과별 SDGs 연결 요소 워크시트

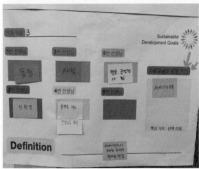
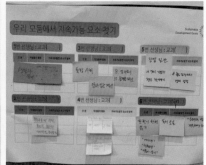

<3> 모둠이 정리한 SDGs: 세계시민으로서 누려야 할 권리와 함께할 책임(왼쪽)
<3> 모둠의 교과별 SDGs 연결 요소 워크시트

SDGs 발견하기〉에서는 교사들이 각자 학교 현장에서 진행했던 수업, 자율활동, 동아리 등의 경험을 나누면서 SDGs와의 연계지점을 찾아보았습니다.

교사들은 모둠별로 각자 생각하는 SDGs의 정의를 정리해보고, 각자 교과목에서 SDGs와의 연결 요소를 찾아 그에 맞는 학생 활동을 고민했습니다. 이 워크숍을 통해 SDGs가 경제, 사회, 환경 전반에 걸친 의제로서 다양한 교과목에서 발견될 수 있다는 것과 모든 활동들이 SDGs로 연결될 수 있다는 가능성을 확인하는 시간이었습니다.

워크숍 2 〈SDGs를 적용한 교육과정 개발〉

둘째 날에는 기획팀 정성욱 선생님(안산국제비즈니스고등학교)의 진행으로 워크숍 2 〈SDGs를 적용한 교육과정 개발〉의 시간을 가졌습니다. 전날의 워크숍 내용을 바탕으로 교사들이 SDGs와 본인 교과목을 연계한 교육과정 개발 아이디어를 나누며 모둠별로 교과별 통합·융합 수업안을 개발했습니다.

워크숍을 기획할 당시에는 '다양한 교과목 간의 융합이 가능할까'에 대한 고민이 있었는데 참여한 교사들은 어김없이 전지를 가득 채워나갔습니다. 인문, 과학, 상업, 예체능 등 다양한 교과목을 연결하는 융합 과정 개발을 통해 실제 추진 가능한 프로젝트가 개발되었습니다.

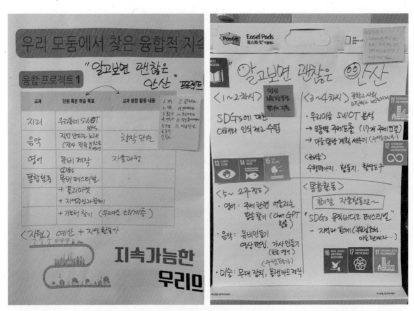

<우가수> 모둠의 교과 통합·융합 수업안

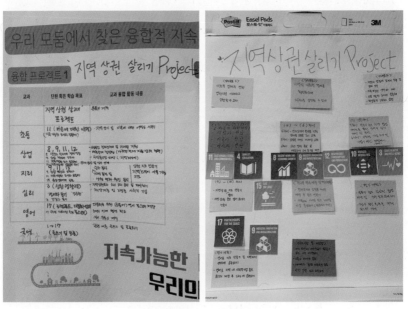

<전인권> 모둠의 교과 통합·융합 수업안

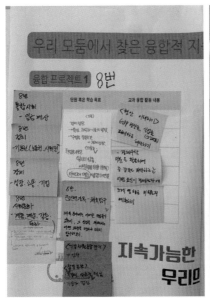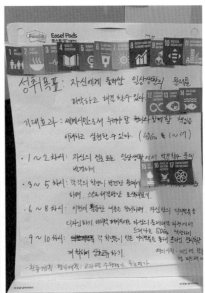

<3> 모둠의 교과 통합·융합 수업안

워크숍에 참여한 선생님들은 "수업에서 구체적으로 적용할 수 있는 아이디어를 얻어가는 시간이었다", "지속가능발전목표의 핵심 가치와 교과 연계 수업의 방향성을 정리할 수 있었고, 교과 융합 논의를 통해 지속가능발전교육 실천에 대한 자신감이 생겼다" 등의 소감을 전해주셨고 앞으로의 과정에도 함께 하기로 하셨습니다. 첫 시도였지만 선생님들의 적극적 참여로 교사 워크숍이 풍성하게 진행되었고, 이 워크숍이 있었기에 <SDGs 교사 연구모임>도 가능했습니다.

지속가능발전목표

(SDGs: Sustainable Development Goals)란?

지속가능발전목표를 한마디로 요약하자면, 2016년부터 2030년까지 인류가 중점적으로 달성해야 하는 목표들이라고 할 수 있다.

지속가능발전목표는 '지속가능한 지구의 발전'을 위한 국제적인 약속으로, '현재를 살아가는 우리의 필요를 채우면서도 미래 세대가 자원을 사용하고 성장할 수 있도록 하자'는 지속가능발전의 개념을 구체화시켜 2015년 9월 세계 유엔회원국가들이 모여 합의한 17가지 목표를 의미한다. 지속가능발전목표는 17개 목표와 169개 세부목표, 세부목표가 달성되었는지 확인할 수 있는 231개 지표들로 구성되어 있다.

사람(People), 번영(Prosperity), 지구환경(Planet), 평화(Peace), 파트너십(Partnership)이라는 5가지 요소로 구성되어 있는 지속가능발전목표(SDGs)는 환경보존, 사회발전, 경제성장의 3가지 축과 이를 달성하기 위한 전제조건 및 방법으로 구조화할 수 있다.

지구환경(Planet)
⑦ 모두를 위한 깨끗한 에너지
⑫ 지속 가능한 생산과 소비
⑬ 기후변화와 대응
⑭ 해양생태계 보존
⑮ 육상 생태계 보호

파트너십(Partnership)
⑰ 지구촌 협력

번영(Prosperity)
⑧ 양질의 일자리와 경제 성장
⑨ 산업, 혁신, 사회기반 시설
⑩ 불평등 감소
⑪ 지속가능한 도시와 공동체

SDGs

평화(Peace)
⑯ 정의, 평화, 효과적인 제도

사람(People)
① 빈곤퇴치　② 기아종식
③ 건강과 웰빙　④ 양질의 교육
⑤ 성 평등　⑥ 깨끗한 물과 위생

환경 보호
전제조건 및 방법
전제조건 및 방법
사회발전
경제개발

국가지속가능발전목표

(K-SDGs: Korean Sustainable Development Goals)란?

우리나라는 그 동안 외형적으로 높은 경제 성장에도 불구하고 소득의 양극화, 미세먼지 등 환경악화, 양질의 일자리 부족 등 국민 삶의 질은 실질적으로 나아지지 않는 모순이 지속되어 왔다. 이러한 배경 하에서 정부는 지속가능발전 강화를 2018년도 국정과제로 설정하고, '제3차 지속가능발전 기본계획'을 보완하는 국가 지속가능발전목표 (K-SDGs: Korean Sustainable Development Goals)를 수립했다.

K-SDGs는 2030년까지 달성해야 할 국제사회의 보편적 가치와 목표를 담아 17개 분야, 122개 세부목표 및 214개 지표로 구성되어 있다. 전체지표 중 UN-SDGs에 포함되지 않은 신규 지표는 122개로 전체의 57%를 차지하여 글로벌 지표와 국가 특화형 지표의 균형을 이루고 있다.

K-SDGs 목표 및 세부 지표

 1. 빈곤층 감소와 사회안전망 강화

1-1. 남녀노소, 장애여부 등과 관계없이 빈곤인구 비율을 OECD 평균 이하 수준으로 줄인다.

1-2. 사회보장제도의 사각지대를 최소화하고, 빈곤층과 취약계층에 대한 실질적 보장을 달성한다.

1-3. 빈곤층과 취약계층에 사회서비스 제공을 강화한다.

1-4. 빈곤층과 취약계층의 경제·사회·환경적 충격 및 재난에 대한 노출을 감소하고, 회복력을 강화한다.

 2. 식량안보 및 지속가능한 농업 강화

2-1. 취약계층에 대한 식량 접근성을 안정적으로 보장한다.

2-2. 농가 소득원을 다각화하고, 경영 안전망을 확충하여 농가 소득 증대를 도모한다.

2-3. 지속가능한 식량생산체계를 구축한다.

2-4. 종자, 작물, 가축의 유전적 다양성을 유지하고 신품종을 개발한다.

2-5. 식량작물의 가격 변동성을 줄여 식량 접근성을 보장한다.

 ### 3. 건강하고 행복한 삶 보장

3-1. 만성질환의 위험요인관리와 건강보장을 확대한다.

3-2. 정신건강을 증진하고 약물 오남용을 예방한다.

3-3. 교통사고 등 각종 인명사고로 인한 사망과 신체손상을 예방한다.

3-4. 감염병의 예방과 관리를 위해 노력한다.

3-5. 모성의 건강을 보호하고 증진한다.

3-6. 아동의 건강을 보호하고 증진한다.

3-7. 유해화학물질, 대기, 물, 토양오염으로 인한 사망과 질병을 줄인다.

3-8. 대한민국의 저출생 극복과 인구고령화를 대비한다.

3-9. 공공보건의료서비스를 확대하여 보편적 의료보장을 달성한다.

 ### 4. 모두를 위한 양질의 교육

4-1. 모든 아동이 성별과 장애유무에 관계없이 적절하고 효과적인 학습성과를 거둘 수 있도록 양질의 무상 초등·중등교육의 평등한 이수를 보장한다.

4-2. 모든 아동에게 양질의 영유아 보육 및 교육서비스의 이용기회를 보장하여 초등교육에 대비한다.

4-3. 모든 학습자에게 성별과 장애유무에 관계없이 적정 비용으로 가능한 양질의 기술교육, 직업교육 및 대학교육을 포함한 고등교육에 대한 평등한 접근을 보장한다.

4-4. 취업, 양질의 일자리, 창업 활동에 필요한 전문기술 및 직업기술 등 적절한 기술을 가진 청소년 및 성인의 수를 실질적으로 증대한다.

4-5. 교육에서의 성불평등을 해소하고, 장애인, 이주민, 취약상황에 처한 아동 등 취약계층이 모든 수준의 교육과 직업훈련에 평등하게 접근할 수 있도록 한다.

4-6. 모든 청소년과 다수의 성인이 문해 및 산술능력을 갖추도록 한다.

4-7. 지속가능발전, 인권, 성평등, 평화와 비폭력문화 확산, 세계시민의식, 문화다양성 존중과 지속가능발전을 위한 문화의 기여 등에 대한 교육을 통해 모든 학습자들이 지속가능발전을 증진하기 위한 지식과 기술을 습득할 수 있게 한다.

4-8. 아동, 장애인, 성별을 고려한 교육시설을 건립·개선하고, 안전하고 비폭력적이며, 포용적이고 효과적인 학습 환경을 제공한다.

4-9. 포용적이고 양질의 교육을 위해 모든 교육단계에서의 충분한 교육재정을 확보한다.

4-10. 모든 교육단계에서 양질의 교육을 제공하기 위한 교사를 충분히 확보한다.

5. 성평등 보장

5-1. 여성과 소녀를 대상으로 하는 모든 형태의 차별을 철폐한다.

5-2. 모든 여성과 소녀에 대해 모든 영역에서의 인신매매, 성적착취 등의 폭력을 철폐한다.

5-3. 무보수 돌봄과 가사노동에 대해 인정하고 가치를 부여한다.

5-4. 정치·경제·공적생활의 모든 의사결정 수준에서 여성의 완전하고 효과적인 참여와 리더십을 위해 평등한 기회를 보장한다.

5-5. 성·재생산 건강과 관리에 대한 보편적으로 접근을 보장한다.

5-6. 여성권한 강화를 위해 핵심기술, 특히 정보통신기술에 대한 접근을 확대하고 여성인력을 양성한다.

5-7. 모든 수준에서 성평등 및 모든 여성과 소녀의 권한 강화를 위한 견실한 정책과 법을 채택하고 증진한다.

 6. 건강하고 안전한 물 관리

6-1. 모두를 위한 안전한 식수를 공평하게 공급한다.

6-2. 모두에게 편리한 하수도 서비스를 제공한다.

6-3. 수질오염 물질의 수계 유입을 최소화하여 수질개선을 담보한다.

6-4. 물 공급 안정성 도모를 위해 수자원을 효율적으로 사용한다.

6-5. 수생태계의 건강성을 회복하고 다양성을 확대한다.

6-6. 건강하고 안전한 물 관리를 위해 지역공동체 참여를 지원하고 강화한다.

 7. 에너지의 친환경적 생산과 소비

7-1. 에너지 서비스에 대해 안정적이고 적정한 접근을 보장한다.

7-2. 국가 에너지원에서 청정에너지 공급을 증대한다.

7-3. 에너지를 절약하고 에너지 효율을 향상시킨다.

7-4. 운송 분야의 에너지소비로 인한 대기오염을 최소화한다.

 8. 좋은 일자리 확대와 경제성장

8-1. 모두가 행복해지는 경제성장을 한다.

8-2. 좋은 일자리 창출을 위한 정책을 강화한다.

8-3. 중소기업 및 소상공인의 성장을 촉진한다.

8-4. 동일한 가치노동에 대해 동일한 임금을 지급한다.

8-5. 이주노동자 등 취약그룹 노동자들의 권리 보호를 확대한다.

8-6. 모든 근로자의 권리를 보호하고 안전하고 건강한 근로 환경을 조성한다.

9. 산업의 성장과 혁신 활성화 및 사회기반시설 구축

9-1. 대다수 국민이 정보에 안정적으로 접근할 수 있도록 노력한다.

9-2. 산업의 다양성 추구, 지속가능한 기업 활동의 기반 마련으로 산업 경쟁력을 확보한다.

9-3. 기술 역량을 구축하고 고도화된 기술 상용화를 촉진하여 국제 경쟁력을 강화한다.

9-4. 국가 연구 인력, 자본 확충하고 적절한 연구의 기획과 실행으로 경제성장에 기여한다.

9-5. 환경 친화적인 산업 활동과 기술 혁신을 통해 자원효율성이 높은 산업화를 추구한다.

10. 모든 종류의 불평등 해소

10-1. 하위 40% 인구의 가처분소득 증가율을 국가평균보다 높은 수준으로 달성, 유지한다.

10-2. 나이·성별·장애·지위 등과 관계없이 모든 사람의 사회·경제·정치적 포용성을 확대한다.

10-3. 나이, 성별, 장애여부에 따른 차별적 대우를 철폐하여 공정한 기회를 제공한다.

10-4. 재정정책, 임금정책, 사회보호정책을 강화하여 더 높은 수준의 평등을 달성한다.

10-5. 내·외국인 권익을 균형적으로 보장하는 이민정책 통한 상호문화 이해 환경을 조성한다.

11. 포용적이고 안전하며 회복력 있고 지속가능한 도시와 주거지 조성

11-1. 적절한 가격이 주택, 기본서비스에 대한 접근을 보장하고, 노후 주거지의 환경을 개선한다.

11-2. 안전하고 부담 가능한 가격의 교통시스템을 제공하고 특히 여성, 아동, 장애인, 노인 등 취약계층을
   고려한 대중교통을 확대한다.

11-3. 도시의 포용성, 지속가능성 제고, 주거지에 대한 참여적, 통합적 계획, 관리 역량을 강화한다.

11-4. 세계 유산을 보호하고 보존하기 위한 노력을 강화한다.

11-5. 재난으로 인한 인명피해, 경제적 손실 감소, 통합적 도시재난 위기관리를 개발, 이행한다.

11-6. 대기질 및 폐기물 관리 등 도시가 가지는 부정적인 환경영향을 감소시킨다.

11-7. 여성·아동·장애인·고령자 포함 모든 이에게 공공녹지 공간으로 안전하고 용이한 접근을 보장한다.

12. 지속가능한 생산과 소비

12-1. 지속가능한 소비와 생산에 관한 통합적인 국가정책을 수립하고 이행한다.

12-2. 모든 자원을 지속가능하게 관리하고 효율적으로 사용한다.

12-3. 식품의 생산 · 유통과정에서 발생하는 식품 손실과 소비과정에서 발생하는 식품폐기물을 감소시킨다.

12-4. 화학물질과 유해폐기물의 친환경적 관리를 통해 인간의 건강을 보호하고 환경오염을 예방한다.

12-5. 폐기물의 원천예방과 감량, 재사용과 재활용을 통해 폐기물 발생을 감소한다.

12-6. 기업의 지속가능 경영활동을 관리하고 지원을 확대한다.

12-7. 녹색 제품 인증 및 녹색 구매의 확대를 통해 지속가능한 녹색 소비를 촉진한다.

12-8. 모든 국민이 지속가능발전에 대한 의식을 갖도록 환경교육 참여 기회를 확대한다.

12-9. 플라스틱이 선순환 하도록 재생 플라스틱의 활용을 증가시키고, 친환경재료 개발을 통해 플라스틱의 환경으로 유출을 방지한다.

12-10. 지속가능한 관광의 확대를 통해 환경보전에 기여한다.

12-11. 화석연료 보조금을 단계적으로 철폐한다.

13. 기후변화와 대응

13-1. 기후변화로 인해 예상되는 위험을 감소시키고, 자연재해에 대한 회복 및 적응능력을 강화한다.

13-2. 기후변화에 대한 조치계획을 지방정책 등에 노력한다.

13-3. 기후변화 대응에 관한 역량을 강화한다.

13-4. 지구의 온도 상승을 산업화 이전 수준에 비하여 2℃보다 아래로 유지하고 더 나아가 온도 상승을 1.5도(℃)까지 제한하도록 노력한다.

14. 해양생태계 보전

14-1. 육상과 해상의 오염물질로 부터 해양환경 보전을 위한 관리체계를 확립한다.

14-2. 바다의 생태환경과 수산자원의 서식처를 적극적으로 관리한다.

14-3. 과학기술 협력 강화 등을 통한 해양 산성화에 의한 영향을 최소화한다.

14-4. 수산자원을 지속가능하게 관리하고 과도한 어업을 지양한다.

14-5. 해양생태계의 체계적인 보전과 현명한 이용을 위해 해양보호구역 지정 면적을 확대한다.

14-6. 해양자원의 지속가능한 이용을 통해 경제적 이익을 확보한다.

14-7. 해양과학 연구역량 제고와 해양과학기술 이전을 확대한다.

14-8. 소규모 영세어업인의 안정적 어업행위를 지원한다.

14-9. 해양과 해양 자원의 보전과 지속가능한 이용에 대한 국제법을 국내법적으로 수용함으로써 해양과 해양 자원의 보전 및 지속가능한 이용을 강화한다.

15. 육상생태계 보전

15-1. 육상과 내륙담수의 생태계 다양화를 위해 보전과 복원 활동을 활성화한다.

15-2. 산림파괴 중단, 황폐화 된 산림복원 등 지속가능한 산림경영을 강화한다.

15-3. 가뭄·홍수·개발 등으로 황폐화된 토지를 복원하기 위해 노력한다.

15-4. 생물다양성 손실을 예방하기 위해 멸종위기종을 보호한다.

15-5. 동식물 보호종의 포획과 불법거래를 없애도록 노력한다.

15-6. 침입외래종의 유입을 예방하고 이들이 육지 및 수중 생태계에 미치는 영향을 줄이기 위한 조치를

취한다.

15-7. 개발사업 등 인간 활동으로 단절된 생태축의 복원과 생태 네트워크 유지·관리를 위해 노력한다.

16. 평화 · 정의 · 포용

16-1. 모든 형태의 폭력 및 폭력으로 인한 사망률을 대폭 감소시킨다.

16-2. 아동에 대한 학대, 착취, 매매 및 모든 형태의 폭력과 고문을 종식한다.

16-3. 국내·국제적 차원에서 법치를 증진하며 정의에 대한 평등한 접근을 모두에게 보장한다.

16-4. 불법 자금 및 무기거래를 감소시키고, 불법취득자산의 환수와 반환조치를 강화하며, 모든 형태의 조직범죄를 퇴치한다.

16-5. 부정부패와 뇌물수수를 감소시킨다.

16-6. 효과적이고 책임감 있는 정부정책과 제도를 수립·이행한다.

16-7. 포용적이며 사회 각계각층의 시민참여도가 높은 의사결정을 보장하고 정보에 대한 대중의 접근을 향상시킨다.

16-8. 모든 사람에게 출생 등록을 포함하여 법적 지위를 부여한다.

16-9. 국내법과 국제협정에 따라 정보에 대한 대중의 접근을 보장하고, 기본적 자유를 보호한다.

16-10. 개도국 내 폭력, 테러 및 범죄 퇴치를 위한 공공기관의 역량강화를 위해 국제협력을 강화한다.

16-11. 차별을 지양하기 위한 법과 정책을 수립하고 시행한다.

16-12. 디지털 인권을 보호하고 강화한다.

17. 지구촌 협력 강화

17-1. ODA를 확대하고 개발재원을 다양화한다.

17-2. 다자무역체제를 촉진하고 개도국의 교역 및 투자증대를 지원한다.

17-3. 개발도상국의 과학기술혁신시스템 강화를 지원한다.

17-4. 전략적인 개발협력을 추진한다.

17-5. 지속가능발전을 위한 정책 일관성을 강화한다.

17-6. 개도국의 지속가능발전을 위한 다양한 글로벌 파트너십을 강화한다.

17-7. 효과적인 공공, 공공-민간 및 시민사회 간 파트너십을 권장하고 촉진한다.

함께지은이

박은영

경기도 내 중·고등학교에서 삶으로서의 국어를 가르쳐온 24년차 교사로, 일반고에서 9년, 혁신학교인 중학교에서 15년째 근무하고 있다. 학생들 배움의 동기를 찾다 삶에 바로 쓰이는 앎, 삶을 더 나아지게 만드는 배움이어야 한다는 일념으로 경기도독서교육연구회에서 삶 연계 독서교육 연구활동을 다년간 해왔고, 혁신학교아카데미 리더과정을 이수하고 혁신교육전공대학원을 졸업했다. 이후 혁신교육실천연구회, IB지역연구회를 거쳐, 현재는 안산지속가능발전교육중등교사연구모임 회장을 맡아, 같은 곳을 바라보는 동료교사들과 함께 좋은 세상을 만드는 교육을 연구하고 실천하고 있다. 한 사람도 소외됨 없이 모두 함께 잘 사는 세상을 만들기 위한 교육을 꿈꾸며, 묵묵히 걷고 있다.

장희엽

25년간 중학교 국어교사로 재직하였고, 2013년 경기 교사 연구년 대상자로 선정되어 독서를 통한 세계시민교육을 연구하였다. 다문화, 세계시민 영상 및 도서자료 목록을 정리하여 동아리 활동, 자유학기 활동에 적용하여 학생들이 편견으로부터 벗어나 공동체의 평화를 유지하기 위한 실천력과 감수성을 길러주고자 했다. 현재는 소래중학교 교감으로' 재직 중이며 학교교육과정에서 지속가능발전 교육을 실천할 수 있는 부분을 찾고 있다.

염경미

『더불어사는 민주시민』 교과서 집필팀장. 『선생님, 민주시민교육이 뭐예요?』, 『선생님, 페미니즘이 뭐예요?』, 『오천년을 사는 여자』를 출판하여 학교현장에서 민주시민교육, 인권교육, 페미니즘 교육의 선구자 역할을 해왔다. 이는 다시 자연스럽게 SDGs 목표와 연결되었다. 현재 관산중학교에서 다문화국제혁신부장으로서 이주 배경 학생들이 공교육에 진입하도록 양질의 교육기회를 보장하고 우리 사회의 더 나은 민주주의를 위하여 노력하고 있다.

정성욱

끊임없이 급변하는 세상속에서 학생들에게 끈기와 도전정신 그리고 지속가능한 발전을 위한 창업가정신(Entrepreneurship)을 키워주고자 노력하고 있는 과학교사 정성욱입니다.

이종훈

영어 교사로서 항상 새로운 것을 받아들이는 것에 적극적으로 임하며, 학생들이 재미있고 신선한 활동을 접할 수 있도록 노력하였다. 2023년 7월 SDGs를 알게 되어 학교 밖 교사 활동에 처음으로 참여하여 학생들의 홍보 영상 제작 프로젝트를 통해 2024년 1월 30일 안산시지속가능발전협의회장으로부터 감사패를 받았다.

신동준

사립학교에서 33년째 과학교사로 재직하고 있으며, 안산풀뿌리환경센터, 안산녹색소비자연대에서 환경교육위원으로 학생들과 연계된 활동을 매년 시도하고 있다. 2023년 안산동산고가 학생주도세계시민실천학교로 선정되도록 주도적 역할을 하고 세계시민정책콘서트를 주관하며 세계시민으로 성장하도록 브릿지 역할을 하고 있다.

채민수

지리교육과를 졸업하고 대학원에서 경제 지리를 전공하며, 지역을 중심으로 논문을 써왔다. 대표적으로 '지역자원 활용형 사회적기업의 지역연계성과 존립기반'과 같은 논문이 있다. 이러한 대학원에서의 관심은 교사로 임용이 된 이후에도 지속적으로 이어져 학교에서 다양한 지역기반 교육을 진행하고 있다. 현재 초지고등학교에서 젊은 지리교사로 학생들이 '우리 동네'에 관심을 지속적으로 갖길 바라며, 수업을 진행하고 있다.

이중철

안산 송호고등학교에서 기술교사로 재직하고 있으며, 코로나 시기 경기도교육청 공공학습관리플랫폼 중등 대표 및 에듀테크 소프트랩 교사위원 대표 활동을 하면서 매년 에듀테크 관련 경기도 소재 학교의 전문적학습공동체 및 전교직원 연수, 신규교사연수, 교육지원청 연수 등 에듀테크 전문가로 활동하고 있다. 2024년도부터는 상해한국학교에 재직하면서 SDGs의 수호자 역할을 하고 있다.

정수희

학생 주도적인 수업을 이끌어나가는 상업교사로 다양한 수업 사례를 적용시키고 있다. 현재 안산국제비즈니스고등학교에서 쇼핑몰제작과 담임교사, 비즈쿨 사업 담당 교사로 학생들이 다양한 프로그램에 참가할 수 있도록 양질의 교육을 제공하고자 한다. 이를 바탕으로 세계시민으로서 자질을 갖추도록 교육하기 위해 노력하고 있다.

변희영

미래 사회에서 학생들이 진정한 생존과 자존을 위해 도덕수업을 통해 사고하고 행동할 수 있도록 돕는 것이 도덕교사의 역할이라고 생각하는 사람으로, 지치지 않고 거듭나는 것이 인생 목표이다. 아는 것에만 그칠 시 공허한 삶이 될 수 있다고 생각하던 차에 SDGs를 접한 뒤, 진정한 교육이 SDGs에서 비롯될 수 있다고 생각하여 아이들과 함께 SDGs를 교육 현장에서 실천하기 위해 노력하고 있다.